张文凤\主编

绿是成长色

——北京小学翡翠城分校的文化建设

 世界图书出版公司

图书在版编目（CIP）数据

中国教育领航 . 第二辑 / 严华银主编 . -- 北京：
世界图书出版公司 , 2021.8
ISBN 978-7-5192-8643-9

Ⅰ . ①中… Ⅱ . ①严… Ⅲ . ①教育—研究—中国
Ⅳ . ① G52

中国版本图书馆 CIP 数据核字 (2021) 第 103693 号

书　　　名	中国教育领航 . 第二辑	
（汉语拼音）	ZHONGGUO JIAOYU LINGHANG.DI-ER JI	
主　　　编	严华银	
总 策 划	吴　迪	
责 任 编 辑	王林萍	
装 帧 设 计	包　莹	
出 版 发 行	世界图书出版公司长春有限公司	
地　　　址	吉林省长春市春城大街 789 号	
邮　　　编	130062	
电　　　话	0431-86805551（发行）　　0431-86805562（编辑）	
网　　　址	http://www.wpcdb.com.cn	
邮　　　箱	DBSJ@163.com	
经　　　销	各地新华书店	
印　　　刷	保定市铭泰印刷有限公司	
开　　　本	787 mm×1092 mm　1/16	
印　　　张	127.25	
字　　　数	2 222 千字	
印　　　数	1—5 000	
版　　　次	2021 年 8 月第 1 版　　2021 年 8 月第 1 次印刷	
国 际 书 号	ISBN 978-7-5192-8643-9	
定　　　价	880.00 元（全 10 册）	

丛书编委会

主　　　任：王仁雷

主　　　编：季春梅

副　主　编：回俊松

编委成员：季春梅　回俊松　严华银

策　划　人：严华银

本书编者

编　　　者：张文凤

其言不立，何以成"家"

——教育家型校长思想生成之道

当我们把教育家型校长的发展目标定位在"立功立德立言"的高度，且将"立言"作为其发展的至高境界时，在教育家型校长成长与培养的过程中，发展主体和培养主体都会全力关注：如何培育教育家型校长的教育思想？如何帮助校长凝练教育思想？而最无法绕过的问题则是，我们今天究竟需要怎样的教育思想？

改革开放后，中国教育经历过短暂的辉煌后，忽然在商业化、市场化的大潮中受到强烈冲击，很快，外延扩张式发展与内涵跟进不及发生矛盾冲突，直至今天，以分数为评判标准的应试升学的热情从来就高烧不止。课程改革、核心素养改革，一场又一场倡导素质教育、立德树人的改革，尽管取得了令人瞩目的成绩，为我国几十年的经济、社会事业发展提供了强有力的人才支持，但我们也不能不看到，整体上，青少年的道德素养、综合能力、创新精神的培养还有明显不足，在一流杰出科技人才队伍的打造方面，还存在很多困难。从最近几年出现的问题看，人才品质问题、高品质人才教育问题，可能是影响和制约中国未来发展的至关重要的问题。

教育的问题当然不仅仅是教育本身的问题。但作为教育人，也还是要较多地考虑从教育本身来着手解决教育问题。参与了两届国家层面的教育家型校长培养工程，走进这些校长的内心和他们所在的学校，了解他们成长和发展的历程，我们最为深切的体会就是，校长、学校、教育的根本问题，一定是教育思想、教育价值观问题。尤其是校长，假如我们仍然认可有什么样的校长，就有什么样的学校，那么我们就可以说，有什么样的教育价值观，就有什么样的校长。从这一角度看，研究近几十年来的教育，研究教育的问题，首先必须关注教育思想和价值观的问题。

最近这几十年间，我们究竟有什么样的教育思想和价值观呢？比如说，我们有"为学生一生的幸福奠基"的"奠基说"，有"坚守儿童立场"的"立场说"，还有"没有教不好的学生，只有不会教的老师""办孩子喜欢的学校""教育就是服务""让学生永远站在课堂的中央"等一系列被某些人认为富有创意、极为宏大甚至伟大的教育观点和追求。但这些从某一角度和维度看非常正确的教育思想，联系教育方针确定的培养目标、学校教育和学生发展的实际，联系近年来教育和社会出现的种种问题，就会发现其中的偏执和矛盾，就会发现其给具体实行教育的学校管理者和教育者带来的问题不可小觑。一国教育的终极目标，是不是仅仅就为着生命个体一己之幸福，还要不要对家庭、家乡和家国的关怀和奉献？过分强化一己之幸福，无限滋长个人和利己主义倾向，与现实中许多社会问题的集中出现有没有某些关联呢？教育的意义在于引领成长，片面强调学生单向的"喜欢"，片面强调"儿童立场"，那教师、学校和教育的立场还有没有、要不要呢？如果没有和不要，那孩子是不是就可以野蛮生长，或者永远停留在儿童时代呢？一味地强调学生的可塑性，否定教育的复杂性，将教师置于无可再退的墙角，将教育和学校的责任增至"无限"，意义何在呢？原本教师主导、学生主体的非常正常的课堂关系，一句浪漫主义的文学夸张，让教师们不能不愕然：课堂里，学生站在"中央"，那我"站着"还是"坐着"，又在哪里是好呢？许多年来，有这样一种观点，凡不管用什么方法、怎样的表达，只要是为学生讲话，再怎样过分地讲话，从来都是正确的，一片叫好并跟风；相反，为教师讲话，讲传统和传统教育，讲孔孟、《学记》，讲朱熹、王阳明、陶行知，讲几十年教育中的本土实践、经验，响应者、问津者似乎寥寥。我们以为，上述种种轻忽教育立场、弱化教育力量、虚化教师地位、教育理念表达"文学化"的现象，与"教育领域中某些教育者唯西方是从，漠视国情、漠视教育传统，轻视甚或蔑视本土实践和本土经验的教育研究风气"紧密相关。于是，这些人要么把教育做成了西方教育哲学的跑马场，言必称建构主义，到处必说佐藤学；要么就是信口开河，语不惊人死不休，把原本属于科学的教育，几乎化作了浪漫想象、天马行空的"文学"。

今天，中国教育"转型"发展，"高品质学校"建设任重道远，尤其需要成千上万的教育家型校长突破现实某些教育思想和教育实践的误区，努力建构自己的卓越的教育思想，"领航"千千万万学校，"领航"区域教育，"领航"中国教育，解"唯分"困局，破"应试"冰山，实现党中央、国务院提出的完善"德智体美劳全面培养体系"，健全"立德树人落实机制"的改革目标。

何为教育思想？教育思想本不神秘，并不像某些人理解的那样高深莫测。它实际所指就是办学思想，即校长对于教育的认识、理解，见解、主张、理念、观点，在具体的办学实践中的执行和落实，或者说是从学校的教育教学和管理行为中梳理总结出来的教育理念和思想。它包括教育观、课程观、教学观、教师观、学生观等。这为任何一所学校任何一个校长所具有。

但从上述分析可知，由于种种因素，不同学校、不同校长，其教育思想又有高下之别。真正卓越的教育思想，一定是共性与个性的统一，一般与特殊的统一，坚守与开放的统一。 真正优秀的教育思想，一定是切近人性，尊重科学，符合规律的；真正优秀的教育思想，一定是指向道德，关乎人格，追求情怀的；真正优秀的教育思想，也一定是基于本土，博采他山之石，合于教育价值的。

据此，我们来研究教育家型校长卓越的教育思想的建构问题。

第一，崇高道德必须成为教育思想的内核。让"社会主义事业的建设者和接班人"与"立德树人"的方针、目标和价值观落地，就必须旗帜鲜明、大张旗鼓地弘扬人格与道德、情怀与境界的教育追求。以善良诚厚为本，不断锤炼个性、意志、品格，正确处理好己与人、私与公、个体与群体的关系。传承中华传统，见贤思齐，修身齐家，奉献祖国，达成个人价值和民族伟大复兴的统一。美国普林斯顿大学以"普林斯顿——为了给国家服务"为校训；清华大学以"厚德载物，自强不息"为校训；南开大学以"允公允能，日新月异"为校训；江苏省锡山高中以"做站直了的中国人"为校训，可以说，这些都是办学主体对于教育本质的精准理解和把握。将教育思想的内核由过于偏重个体、个性和个人的幸福的"小我"追求，"转型"至对于家乡、家国、民族的大爱与奉献，达成个人价值与民族复兴统一的"大爱"情怀，既是时代发展的迫切需要，也是社会主义核心价值观的体现，更是教育的根本意义和价值所在。而这一问题的解决，需要校长们站位高远，秉持理想，需要校长们全神贯注、全力以赴。

第二，建构教育思想迫切需要校长们思维理性的修炼和提升。教育思想的重要特点是富于个性，是校长在教育教学实践和办学实践中基于教育的个性化理解而逐渐成熟的办学理想和育人理想，但任何教育思想又必须契合国家主流的教育价值观。个性与共性的统一可以说是教育思想确立的基本原则。教育思想是关于教育问题的本质表达，所以需要拨开云雾，不被表象所迷惑。就育人而言，道德、人格、思维、理性、创新都应是其不可或缺的元素。不仅如此，在凝练教育思想的过程中，还得借助辩证思维、逻辑思维等，处理好传统与现代、人文与科学、传承与创新、借鉴与坚守、专家引领与自主建构的关系。

第三，教育思想的成熟，从来都伴随实践，且伴随实践反思。教育思想首先是优秀校长的，是优秀校长在办学实践中逐渐形成的。办学和教育实践是教育思想之根。从实践之根出发，长出教育之参天大树，并最终凝结为思想之果。这一浩大工程、漫长过程，伴随的是实践主体——校长的不断修剪、打理、矫正和选择，也就是说，反思、改进、践行、循环往复，追求最好，走向更好，是教育家型校长教育思想成熟的必由之路。福建三明学院附小林启福校长带领学校教师，借助专业支持，经过十余年艰苦探索，从"幸福教育"走向"福泽教育"。本期领航校长，宁夏银川金凤三小王晓川校长，在领航专家团队的启发引领下，将原本"说学"并重的教育理念，逐渐明晰为"说以成理，学而至善"，直抵教育本质，实现了教育思想的一次蜕变，正是其实践反思、理性辨正的成果。

第四，教育思想的表达，从来都需要严谨缜密，抓住要害和关键。近年来，在某些区域校长培养过程中，某些校长教育思想的凝练，表现出经院式、标签化、概念性、文学风倾向，助长了办学和教育教学的浮躁、功利和知行不一，这尤其需要教育家型校长通过理性思维，明辨真伪，去粗取精，并最终找到最为科学的表达方式。新疆生产建设兵团华山中学邱成国校长的"才丰似花，德厚如山"理念，海南陵水中学张勇校长的"仁智教育"理念都是十分经典的表达例证，值得借鉴。就教育思想在校园中的呈现而言，育人理念和思想最为根本；就育人文化的呈现而言，校训最为根本。因为学校的价值就在于育人，校长的训词则是对被育对象的严肃训诫和要求，突出呈现这些，就是突出学生主体，就是突出教育的本质。目前，一些区域学校，校园中贪多务全的思想和文化表达，常常淹没了发展主体、教育主旨和核心，其成效适得其反。

教育家型校长，又被称之为领航校长，所谓"家"，"家"在何处？所谓"领航"，究竟引"领"什么？"航"向哪里？至关重要的还是教育思想问题。尤其是在今天这样一个价值多元、教育转型的特殊时期，教育家型校长通过卓越的教育思想，发挥其领航价值，推动我国基础教育快速稳步发展，意义十分重大。

丛书编者

2021 年 5 月

专家感言

三年转眼过，在中国教育改革的热土地——江苏，在教育部名校长领航工程基地之一——江苏省师干训中心，一群教育专家，与一群可以被称之为教育义勇军、先行者的领航校长——教育部第二期名校长领航工程 9 位学员，走过了一段峥嵘、卓越的岁月。

他们，阵容并不壮大，少时十数人，多时数十人。问题是，当五湖四海、出类拔萃的校长精英与长三角首屈一指的教育专家一朝相逢，而且一发不可收地亲近、交融，终至于合二为一，成为志同道合的教育"行者"，其生发的聚合和裂变，其结晶的意义和价值，你怎么估量都不为过！

曾记 2018 年，北京受命，南京启航，从此，基地精致组织协调；导师沉稳领航引导；学员潜心研学，竭力修正，其教育内涵逐渐丰富、厚重，其学校文化越发凝练、科学。三年中，被"领航"者，又"领航"着各工作室的成员和学校；三年中，基地、导师、学员、学员的学员，还"组合"成"教育志愿军"，一组一组，一次一次，深入大凉山腹部，从昭觉到布拖，让教育的"精准帮扶"生根校园，惠及教师，落地课堂，直抵每个孩子的心底。

就是在这样的"层递领航"中，我们的理念、能力，我们的情怀、境界，我们的思想、经验，经千锤百炼而不断精进；而且，就在这样的行走中，我们"扩容"了"领航"内涵，拓展了教育价值，也升格了人生境界，终于，我们真的可以无愧于"教育家型校长"的称号。

我们还积累了许多教育的感想和哲思，创造了许多美好的邂逅和故事。我们更收获了深厚的友情，沉淀了悠悠的思念。

终于，到2021年，在安徽池州，在天津南开，在山东济南历城，三场高端的教育思想研讨会，水到渠成地举行，每一位校长，从个人经历中发现成长，从教育行走中感悟价值，从办学成就中梳理经验。终于，一朵名为教育思想的花儿，经历远远不止十月的孕育，含苞，又顺畅绽放，并被精彩命名，且被专家们洞幽烛微地阐述、"微言大义"地点评，由此，她、她们，名正言顺地盛开在中国教育思想的家园。

这里，我们撷取三年生活的"散点"，轻拂去岁月的"尘封"，从痕迹到线索，从即景到场面，真实描述，定格展示。其意义，除了留存和总结，还期望复苏记忆，活跃联想，让所有的亲历者偶尔或者常常回放、回望或者回味——

因为，不论是谁，一生中又能有多少这样的三年呢？

前 言

我的写作缘起

义务教育质量事关亿万少年儿童健康成长，事关国家未来发展，事关民族复兴大业。基层校长作为学校办学的引领者，理应以习近平新时代中国特色社会主义思想为指导，全面贯彻党的教育方针，落实立德树人根本任务。我做校长二十余年，走过了四所小学，凭借国家尊师重教、建设教育强国的政策支持，在时代的洪流中，从边远的乡村到城乡接合部，再到繁华的市区，一路走来，感悟多多，收获满满。

每天清晨，当我走进美丽的翡翠城，看到朝气蓬勃的师生，心生更多的感动与感恩：因为有了宽松的社会发展大环境，有了各级各部门领导的支持与帮助，有了专家的切实引领，有了学校自身鲜明的办学理念，有了全体师生与家长的共同努力，才有了现在一片生机勃勃的景象。谨以此书记录"绿色成长"文化的思考与实践，记录下这些感动与感恩。

翡翠城的 12 年是我快速成长的 12 年，也是学校高速发展的 12 年。学校从一片施工工地到现在的美丽校园，从一所新学校到首批"北京市校园文化示范校""全国教育系统先进组织"，其间几多艰辛，几多欢笑，几多感动，几多感谢！感动于我可爱的团队，从建校时的十六位老师到现在的一百八十位，我们齐心协力、共同打拼、共同成长。12 年风雨，几多汗水，几多心血！一路走来，艰辛而幸福！我想以此书记录我们教育人生的精彩，并将本书献给我最爱的战友！感动于我可爱的孩子们，他们和学校一起成长，一路幸福走过，他们的纯真、勇敢、自信、善思无不令我惊喜，我想以此书记录下他们成长中的一点一滴！感动于给予我们追梦、筑梦、圆梦帮助的专家们。2018 年 4 月，我有幸入选教育部第二期名校长领航工程，更加有幸走进了江苏基地。江苏是教育强省，在基地展现在我面前的是教育的群星谱：首席严华银教授的睿智，主任季春梅博士的通透，班主任回俊松博士的大智若愚，都对我是一种影响与教育，我的导师李正涛教授和孙双金校长更是对我予以无微不至的关怀与引领，他们的教育情怀令我折服，我想以此书记录下他们对教育事业的殚精竭虑、披荆斩棘。感动于我可敬的家长朋友、社区朋友、上级主管领导，没有他们的支持与理解就不会有学校的发展，我想以此书记录下他们为孩子们每天默默的付出与辛勤的劳作！此书分为七章。第一章"我所理解的学校文化"，主要介绍我对学校文化含义的个人理解；第二章"绿色成长文化的诞生和发展"，从纵向的视角记录了"绿色成长"文化的诞生和发展历程；第三章"绿色成长的思想内涵"，针对"绿色成长"这一核心理念的丰富内涵进行多角度的阐释，尝试向更深处、更广处不断叩问；第四章"绿色成长文化的构建与深化"，从横向的视角，分别从组织、人、事、条件四个维度介绍了我们是如何构建"绿色成长"文化的整体结构；第五章"绿色成长文化的落实"，聚焦于"绿色成长"文化的具体落实，从思想认识、制定规划、提供动力、整合资源、效果显现五个维度予以介绍；第六章"绿色成长文化的辐射"，从工作室、集团办学、教育帮扶、社区带动等方面阐述了"绿色成长"文化的向外传播和积极影响；第七章"奔向理想的绿色成长学校"，是基于对"绿色成长"文化的思考和总结，展现了我对未来学校文化的畅想与期待。

在本书中，我在依次呈现各章的同时，还在章节体例上增设了两个小环节：一是每一章章首提供一则学者箴言，这些箴言是他们对教育本质和文化建设规律的独到之见，让我很有启发，我也想把它们提供给读者；二是每一节末尾增设"教育纵贯线"，附录了我和学校在文化建设路上曾经发生的那些美好的点滴瞬间，希望它们映衬正文的同时能够折射出翡翠城人学校文化建设智慧的光彩。

在教育的历史长河中，相较一些百年老校，翡翠城还很年轻，成书之时我感觉书中很多认识还很肤浅，有些问题可能还没有抓住本质，本书也反复修订了数稿，在修订的纠结中不断澄清认识，理清关系，这本身也助推了"绿色成长"文化的完善与提升。实践还在继续，探索还在进行，唯愿在"绿色成长"文化的深化建设过程中，翡翠城成为师生实现梦想的地方！正如我们的校歌所唱：

我在翡翠城，种下美丽的梦想。

师爱育桃李，共学有同窗；

理想任驰骋，来日成栋梁；

我们奔放的心灵，迎接未来的希望；

翡翠城啊，那是梦实现的地方！

于美丽的翡翠城

2020 年 5 月 28 日

目录

第一章

我所理解的学校文化

文化由各种形式的要素构成，这些要素使得我们的生活舒适、可以预见并有安全感。在职场，我们依赖周围的人，因为他们履行文化赋予他们的角色，从而形成一种氛围并得以传播和影响周围，进而激发我们自己的工作效率和潜力，了解这些要素有助于认识到某些人是否从属于这种文化。领导者只有将自己从学校文化的影响中抽离出来，才能对其构成要素进行审视，从而对学校有整体上的把握。

——[美] 托德·威特克尔 史蒂夫·克鲁奈特 [1]

学校不是屏蔽于社会之外的无菌真空堡垒，学校文化不是凭空产生的。周浩波说："学校是社会的一个侧面，社会上各种影响都会在学校中得到反映；同时它又是一个特殊的社会机构，具有自己独特的文化特征。这些社会因素混杂在校园、课堂之中，构成了学校文化的绚丽多彩的总体画面。" [2] 当今，努力办好人民更加向往、更加满意的教育是新时代中国特色社会主义发展的时代使命，也是新时代中国特色社会主义教育发展的内在诉求和坚定目标。党的十九大报告指出，要"推进教育公平""努力让每个孩子都能享有公平而有质量的教育"。这是我们每所学校、每个教育人肩负的历史使命，也是学校文化建设的总体方向。在这个总体方向之下，不同地区、不同背景的个人会对学校文化形成不同的见解，会建立不同的"学校文化观"。在本章，我想谈谈对学校文化的个人理解，而这一点要从学校、文化的话题谈起。

---

[1] 托德·威特克尔,史蒂夫·克鲁奈特.如何定义、评估和改变学校文化 [M].刘白玉,等译.北京:中国青年出版社,2019: 36.

[2] 周浩波.教育哲学 [M].北京:人民教育出版社,1999: 254-255.

第一节　我心目中的学校

在很多场合我不止一次讲过，要办一所理想中的学校。在我的潜意识里，学校应该是孩子们的学园与乐园：他们张开思维的翅膀，毫无顾忌，他们发展全面，兴趣广泛，但又懂得规矩与礼仪，尤其喜欢读书；老师们是高品位、高素质、阳光乐观、富有创造性与自主性的；又是花园、家园：美丽温馨，像个读书的地方，可以不豪华但要有文化味，是全体师生、家长有很多美好回忆、永远不会忘怀的地方，是大家共同的精神栖息地。

一、学校是梦想的孵化站

心中有梦想，就会执着远方，无畏于艰难险阻，无畏于雨雪风霜。我觉得，衡量一个校长对学校的贡献不仅仅看当时在任时，更为重要的是看他离开时可以为学校留下什么？物质会在历史的长河中慢慢消散，而精神的东西却可以永远长存。校长对学校的最大贡献是，为学校慢慢累积的精神遗产增添一笔属于自己的财富，这就是学校的办学理念和教育梦想，它应该是学校文化的核心。校长应该善于将学校发展的梦想带给教师，并让其成为校内所有人的共同追求。每所学校都有自己的教育梦想，也正因为如此，才使得学校千姿百态。

北京大学在 100 多年的人才培养中，第一任校长是谁，更多的人可能已经忘记了，但是却记得第五任校长蔡元培。因为他当时制定的办学理念——"囊括大点、网罗众生、兼容并包、思想自由"——至今仍在沿用，也正是这一理念成就了北大独特的育人文化取向，成为北大人共同追求的梦想，成就了北大的社会地位和品牌力量。

每所学校都有教育梦，但是不管梦想多么五彩斑斓，其出发点和归宿点都是培养什么样的学生这一核心目标，归根结底还是落在让孩子们快乐、健康地成长上！

二、学校是成长的百味园

在学校里，孩子们是正在成长中的生命个体，教师本身就是一本教材，以自己的整个身心对学生施以影响，师生之间互相以生命影响生命，共同成长；同时家长作为学校的重要教育资源，也必须融入其中，领悟学校的育人目标，和学校形成教育的合力，不断提升育子能力。这个过程中不管是成功还是失败，都是一种成长的历练。当收获成长与发展的果实时心中充满香甜；当学生与教师、教师与家长、学校与社会产生龃龉时心里酸酸的；当教师传道授业解惑，数年如一日的耕耘时会有一丝苦的滋味；当每一个遗憾、每一次不完美出现时又感受到辣的味道……学校是师生、家长共同成长的百味园。

上海市进才中学北校是浦东新区的公办初级中学，始建于1997年，现有两个校区。办学理念是"进德达才、养正拓新"。学校非常注重内涵发展，有完整的文化体系，共同的价值观，共同的精神文化，常规管理有序规范，法、理、情有机融合。

截至2020年1月，学校有上海市名师后备4名，学校区学科带头人4名，区级骨干教师37名；区学科中心组成员11名，无论数量还是比例均列新区同类学校前茅。近年来学校先后被评为全国特色学校、上海市教育系统先进集体、上海市五一劳动奖、上海市文明单位（校园）、上海市教师专业发展学校等荣誉称号，被老百姓誉为性价比最高的优质公办学校。这些成绩的取得让他们心中充满甜蜜；在学校的发展过程中，也面临着很多困难：2019年学校入学的新生从14个班级变为18个班级，2020年又从18个班级变为22个班级，每个班级的人数将近50人，校舍吃紧，专用教室配置以及生均活动空间无法达到国家规定的标准。羽山路校区由于18号线地铁站建设，1/3个操场被占掉，学校改建操场的计划被一推再推，至今尚未动工，初三年级的体育锻炼，受到了很大的影响。这些又让进才人心中酸酸的；学校于2019年4月被评为上海市信息化标杆培育校，虽然学校有一定信息化的基础，但在三年内要达成标杆校培育的建设目标，需要付出更多的努力，才能让数字化校园呈现进北特色。在追梦的过程中，辛苦自知；当然还会出现一些辣眼睛的事情。比如说现在家长受教育的程度都比较高，他们对孩子的期望值也比较高，甚至部分家长"自以为很懂教育"，往往会在不同程度上干预学校教师的教学以及学校的管理。另外，一些年长的教师对于新技术的接受能力相对迟缓，所以在信息化使用方面会有一定的困难。再比如说，由于学生体量不断增加，学校管理部门的压力也是日趋增大，而干部岗位的增加以及教师的招聘，都受上级部门的严格控制。再比如离异家庭或者亲子关系不和谐家庭，对子女教育出现不和谐、家校教育不一致等问题，容易使学生在身心健康存在这样或那样的挑战，常常使班主任和科任教师苦无良策而身心疲惫。所以学校以家教课题《家庭教育的学校支持研究》为抓手，积极引导家校合作，帮助家长读懂孩子，帮助教师提高家庭教育指导力，呵护学生健康成长。

这就是学校发展与生命成长的真实样态，百味杂陈，多姿多彩。

三、学校是自主的体验场

自主的教师才能带出自主的学生。"无为而为"是一种管理智慧，它是指管理者表面上的、有形的"无为"，隐含着实质上的无形的有为，只有不成为负担的东西才能长久。我们知道教师的工作，很多时候无法量化，而不能量化的部分往往是根本性的、关键性的部分。学校要创造出适合教师成长的环境，给他们足够的自主发展的空间与条件，他们就会挖掘自身潜能，有所建树。

自主发展是孩子的真正成长。首先儿童早期具有巨大的学习能力，这种能力往往超出我们的预期，他们完全可以独立地思考、独立地进行选择、独立地解决问题，我们应该给他们足够的空间让他们去自主探究；其次，教师要激发学生内在潜能，发展他们的自律能力。自我教育要通过内化、自省来实现，"内化"就是自我教育的过程，孩子们只有把教育要求变成自我要求，并付诸实践，教育目的才能得以真正体现。"不管是教导学生还是子女，一定要时时从孩子的角度看事情，不要把让孩子害怕当成教育的捷径。"[3] 这话很经典。在我们的教育中，我们只是一味地让孩子们遵守规则，用各种方式限制再限制，唯独没有为他们耐心地讲解为什么要这样做，这样做的结果会怎样。学生的养成教育靠管、靠压是不行的，这样的做法难成习惯，倒容易使学生滋生"两面派"性格：在学校里言行有礼，走出校门却换成了另一个人。我们施教简单粗暴，学生回馈给我们的是"短期行为"，因此，在出台一个规则之前不能简单地强制孩子们去做，中间的实施过程需要我们倾注更多的心力。我们需要在教育教学中强化孩子们的自觉行为，促进他们由他律向自律转化。

---

[3]　艾斯奎斯．第 56 号教室的奇迹 [M]．北京：中国城市出版社，2008：6.

在我的心目中，学校就是一片净土，是一切美好事物的栖息地。我们所做的事情都会踩在孩子的生命成长线上，倾听他们的心声，办孩子们的学校！

我喜欢的学校是：

一个美丽的学校

一个舒适的学校

一个安全的学校

一个倾听的学校

一个可变通的学校

一个相应的学校

一个尊重人的学校

一个没有院墙的学校

一个以人为本的学校 [4]

教育纵贯线

初识珲春四中与天津中营小学

珲春市第四中学和天津市南开区中营小学都是教育部领航班第二批学员所在的学校。

初到珲春四中给人的感觉是一种震撼！在这样一个边陲城市，一群教育人在默默奉献。两天的驻留，天气虽然有些冷，但是我却感受到了珲春人的热情与好客，心里暖暖的。

珲春四中成立于1978年，位于吉林省延边朝鲜自治州珲春市，主张幸福教育。对于这所学校，我有三点突出的感受：

一个好的文化传承。学校里最重要的是人，珲春四中的老师们非常值得敬佩，他们将奉献作为一种习惯，具有极强的执行力；从上到下都能够将"不丢下任何一个学生"贯彻落实，不打折扣，我觉得四中的所有学生是幸福的、快乐的，学校并非一部分学生的天堂。

一个好校长。李丽辉校长是我们的学友，从干部的座谈中我感觉到大家对

---

[4] 伯克，格罗夫纳.我喜欢的学校：通过孩子们的心声反思当今教育 [M].北京：中国轻工业出版社，2006：17.

于他们的当家人是充满敬佩的，是引以为豪的。她用思想引领学校发展，以文化立校；她有很高的站位，很宽广的视野，她口中一直会自然流露出要为国家培养人，要做好教育事业的使命感，这是非常值得我学习的。她把学校当成家，十年如一日，甘于奉献，成就师生，学科能力也很强，靠自己的人格魅力与远见卓识带领团队、带领学校奔向他们的理想彼岸。

一个好的切入点。"差异——适应性"教学注重小组合作学习，分层教学，分层考试，学生学业成绩找到了提升的突破点，同时也成为教师专业成长的抓手，大家通过学习借鉴、内化提升，把这一教学思路落实得很到位，使之成为学校的亮点。

走进华联校长的学校天津市南开区中营小学，在参观校园和校史馆的过程中感受到的依然是一种震撼。这是一所百年老校，走在校园中，我们深刻地感受到了这是一所不断言说历史又不断锐意创新的学校。1906年，刘宝慈先生在天津老城厢开办了中营小学，以"发掘学生潜能培育时代新人"为办学特色，建校伊始就提出了勤、朴、敏、健的校训，成为无声的文化传承，浸染着中营人。学校先后经历了15任校长，从没有改变过这些传统，四字校训已经成为优秀学校文化的魂魄。整个校园青砖青瓦，古朴厚重，建筑本身就是一种无声的浸润与教育。

在聆听两位学校干部的汇报中，我们又感受到了学校鲜明的实践特色。学校将立德树人落在日常的点滴之中，非常注重学生的全面发展，特别是修身立德，更是能够持之以恒。每年的3月5日是毛主席"向雷锋同志学习"题词纪念日，是纪念周恩来同志诞辰纪念日，也是中营小学建校纪念日。因此，从1963年开始，学生们始终坚持学雷锋活动，已有50年历史。学校紧邻周邓纪念馆，历史的传承与革命精神的散播成为中营小学的文化内核。在校内，他们把阅读同一本书、诵读一条格言、观看一部电影作为"学雷锋"主旋律，还把"学雷锋"活动引入社区，建立校外学雷锋基地。课程不再是一本教材，主题教育、常规活动也都以课程的形式存在，更加系统、力度更大，让学生的成长有所依托；课堂也不再仅仅是一间教室，而是拓展到校园、社区、博物馆等地方，让学生的成长更加扎实。

在和学生的座谈交流中，我更加深刻地感受到学校的教育理念在学生身上得到的显现。孩子们自信大方，表达清楚，积极阳光。孩子们认为学校课程丰富，教师具有科学的专业精神，对学生关爱有加，学生非常爱自己的学校，他们有根、有情怀，很难得。

在走访学习中，我认识到学校办学品质的提升，需要不断反思，不断超越自我，去伪存真，坚守教育本真，也更加感受到学校文化的重要。

第二节　我所思考的文化

"文化"这个词我从小就认识，但是对其深刻含义并未认真思考过。在我的理解里，"文化"正如它的词义，是指前人所留下的、我们正在继承的并正将其传给后人的东西。显然，这个东西是极为丰富的，似乎什么都可以包括在内；但同时又是模糊的，我们很难用三言两语将其说明白。在日常生活中，"文化"一词也常常作为形容词使用，"文化人""某某有文化"。当我们这么用的时候，似乎是用它来形容一个人有知识、有教养。显然，这是个褒义的形容词。并且，从上述的名词到这一形容词，我们很容易感觉到其间存在着联系——因为继承了所谓的"文化"，才会变得"有文化"——尽管这种联系并不那么好说清楚。进入新世纪以来，"文化"越来越变成一个热词，不仅党和国家在提，媒体热衷于此，而且老百姓也更加频繁地提到它。在日常生活中，我们处处在说着"文化"，常常在很多概念和名称之后加上"文化"，如茶文化、酒文化、饮食文化、建筑文化、车文化等。这种变化，表明大众对"文化"越来越重视和认可。可能是因为"文化"一词道出了人们一直以来想说但概括不出来的东西。

对我自己而言，在有了几十年的人生阅历特别是有了在学校二十几年的教学管理经历和近十年的文化建设经验以后，我对文化有了更多的体会和感受，这些感受和体会反过来，又助力于我的教学和管理。

一、文化是"人化"

从学理上说，"文化"有很多定义和观点，曾有学者整理超过200种观点，我在这里不想辨析。抽象的概括由学者去做，我想说说我个人的体会和思考。

通俗来说，文化就是"人化"。因为文化是指人所创造的东西，人是文化的主体，我们所要继承的被称为"文化"的东西，都是由人创造的。试想，我们不会把自然界原始的植物、动物称为文化，更不会把宇宙中的星球、陨石称为文化，因为它们早在人类出现之前就已存在，并非由人类所创造。

"人"是文化的核心，必须非常清醒地认识和把握这一点。因为我们今天谈文化，不是为了炫耀知识，也不只是为了造福于自然，而是为了服务于"人"本身，是为了让生命变得更丰盈。如果谈文化、做文化而忽略了人，无疑是丢失了根本，是把文化给异化了。如建筑文化，我们研究和创造建筑，不是为了建筑本身，而是为了居住于建筑中的人。因而，建筑既是空间的艺术，更是人的艺术。只有深谙人的生活需求、审美趣味和精神追求，才有可能赋予建筑灵魂，才能创造出激动人心的"建筑文化"来。中国工程院院士、同济大学教授戴复东曾说过："建筑是一项为人服务的学问，建筑师只有真正热爱人、关怀人，才能使建筑环境为人服务得更好。"[5]武汉东湖风景区内一处毛主席生前工作、居住的"东湖梅岭工程群"，是戴复东年轻时的代表作，也成为后来的建筑经典。他的设计依地就势、就地取材，既好看，又环保，而且富有地方特色。其中一个亮点是地板的图案，用原木材锯成一块块的木砧板拼装而成，看上去就仿佛置身于森林环境中，居住其中，感觉天人合为一体。

说"文化"是"人化"，除了强调"人"是主体之外，还表明"化"的过程特点。文化是"人化"，不是"人做""人造""人为"，说明文化的产生过程具有一个重要特点：自然而然、默默累积、水到渠成。我们知道，"化"是"随风潜入夜，润物细无声"，是"天街小雨润如酥，草色遥看近却无"的过程，如果想疾风骤雨、雷霆万钧地快速创造文化，那是肯定无法成功的。文化不是拔苗助长，在西欧，"文化"一词来源于拉丁文，原意是指农耕和作物培植。我生在农村长在农村，青少年时期做农活的经历时常浮现在眼前。春天，用铁锹把地翻松，将土捣得细碎一些，就开始播种、浇水，隔段时间放学后再去看一看，浇浇水；苗长出来了，就要间苗，使得疏密相间，让小苗有足够的生长空间，紧跟着除草、再松土，让它们的成长环境宽松一些；越到后面就越放心了，它们每天沐浴阳光、汲取营养、补充水分，一天天地长高；丰收的季节是最开心的，农田里金灿灿的，映着人们红彤彤的脸，那是一幅多么令人陶醉的图画呀！文化就是这样遵循规律、徐徐而进，过尽千帆，蓦然回首，它就在灯火阑珊处。

二、文化是"创造"

文化既然是人化，那么是不是所有人的所有行为，都可以积累为文化。答

---

[5] 黄辛.建筑要为人服务 [N].中国科学报，2018-04-03(5).

案是否定的。只要在漫长的人类文明史中简单回溯一下，就可以发现，文化的灿烂星河之中只有一颗颗或大或小、或明或暗的星星，要想占有一席之地，就必须发出自己的光芒。简言之，文化的积淀不是随意和任意的，只有那些具有创造性的行为才能被积淀下来，而那些因循守旧、亦步亦趋的行为早已湮没在历史的长河之中。

当然，说文化是"创造"，不是抹杀那些勤勤恳恳、任劳任怨的人的贡献，而是高扬创新创造的精神：我们不一定能够做到创新，但起码朝着创新的方向去努力，起码学会借鉴更有创新水准的成果。我们要保持一种"创新的姿势"，从而把创造的火种传递下去。例如：淘宝、京东、天猫等电商平台，大大地改变了人们的购物方式，从以前逛街购物变成现在天天在家里收快递的模式。这无形中降低了很多人的生活成本，对整个社会而言，也降低了经济运行成本，提高了效率。这种电商文化就是时代的创新与发展。

说文化是"创造"，还强调要以更加宽广的视角理解"创造"。从无到有、以新替旧，这种"硬核"式创造，当然可嘉；但小处、细节的"微创新"，内容不变而方式、方法创新，乃至于排列组合有所优化的创新，都可以是"创造"。埃尔·迪克森是强生公司的一名职员，刚刚同太太约瑟芬·奈特完婚时，夫妻二人十分恩爱，迪克森太太很喜欢为心爱的丈夫准备吃的，却又笨手笨脚，时常伤到自己。而伤口用绷带包裹好以后，又无法很好地固定，稍不留意就会让绷带脱落。爱情的力量让埃尔·迪克森灵光一现：他开始试着在每条绷带的中间都贴上纱布。这样，当他太太再次受伤时，她就可以用这种绷带快速包扎伤口，这种绷带不仅不易脱落，而且只需不到三十秒便可以将伤口快速处理好，于是世间就有了创可贴。对于中国的传统服饰，例如唐装和旗袍，设计师可融入一些当季流行的色彩或花纹，这样设计出来的服装不仅有传统特色，也有一定的时尚感，更容易得到消费者的青睐。对于中国的传统戏剧，我们可以将其融入影视作品中，也可以编排一些有新时代特点的剧目来演出，这样就可以吸引更多的观众。此外，像书法、绘画、剪纸等文化艺术都可以在原有的基础上融入时代特色，进行创新。

三、文化是"多样"

文化多样性是人类社会的基本特征，也是人类文明进步的重要动力。"多样"是文化最明显的外在特征：多方面、多领域、多层次、多类型、多阶段。哪怕是最小众的文化内容，也会拥有"多"的特征。文化是"多样"，原因在于人是多样的，世界是多样的，甚至"创造"的方式也是多样的。人有男的、女的，有儿童、少年、青年、壮年、老年，有不同民族、不同宗教、不同国家、不同职业的区别。人的丰富性，决定了文化的多样性。

认识文化的"多样"，具有很重要的现实意义。人的思维特点是从多到少，为了认识的方便，我们常常需要将多样性归纳为单一性；但是文化的建设正相反，需要我们以最大的包容和宽广心胸，尊重不同人的正当需求，尤其是弱势群体的需求。因此，正视文化的"多样"，是客观公正、科学对待文化的前提。比如古丝绸之路，犹如一条彩带，将古代亚洲、欧洲甚至非洲的文化联结在一起。中国的四大发明、养蚕丝织技术以及丝绸织品、茶叶、瓷器等，通过丝绸之路传送到亚洲、欧洲和非洲的一些国家。同时，中外商人通过丝绸之路，将中亚的骏马、葡萄，印度的佛教、音乐、熬糖法、医药，西亚的乐器、金银器制作技术、天文学、数学等输入中国，使得中外文化互通，推动人类的共同进步。现今我国"一带一路"战略借助古代丝绸之路的历史符号，积极发展与沿线国家的经济合作伙伴关系，共同打造政治互信、经济融合、文化包容的利益共同体、命运共同体和责任共同体，又赋予了古老"丝绸之路"新的历史使命。无论何时，我们都要避免强势文化对于弱势文化的"霸权"或"殖民"，而应该时刻尊重文化的多样性，使其各得其所，互通有无，优势互补。

如果不去追根溯源，就不会有文化的传承；如果不能时时拷问内心，就不会创造出有生命力的文化；如果不能持之以恒，就只会昙花一现。文化的力量无处不在，它是在长期的历史演化过程中不断固化下来的。文化在规范、塑造人们思想和行为时，其自身也会越发的保守与片面，也会出现发展的瓶颈，因此文化也需要在不断反思和变革中进行更新。它没有国界，总是在发展变化过程之中，我们应该以开放的心态去面对文化和参与文化建设。

教育纵贯线

初识美国文化

2011 年的一月，我第一次踏上美国的国土，在华盛顿乔治梅森大学进行为期 21 天的学习，初识了美国文化。华盛顿市区，所有建筑按照不能超过国会大厦高度的规定建设，有 200 多年历史了，整齐规整，结实厚重。早上七点以前路上基本没有车，九点钟了看到晨跑的年轻人成群结伙，充满朝气，再晚些时候看到一些骑着单车的老人成群结队地去游玩，还有一些墨西哥穷人的孩子在林肯纪念堂边上的草地上踢足球。能够感受到美国人的悠闲惬意，上班就是上班，休息就是休息，市中心周六有的商场还开门，到周日就休息了。他们有的驱车外出，有的去博物馆，各种博物馆聚集在一个区域，走着也用不了多长时间。他们的社会保障系统很健全，市中心公园经常有一些人聚在那里等待救济，到时间政府工作人员就会开车过来为他们送衣物、食品，冷天还会有热饮；时不时地还能看到一群人举着牌子标语在示威游行，警车与警察疏导他们按照路线游行，他们在国会大厦和白宫间穿行，自由与休闲各得其所，互不干涉。我非常喜欢一句广告词："心有多大，舞台就有多大。"当然更为重要的，这次美国之行，使得我对于学校办学有了一些新的思考。

不摆排场，讲求实效。美国的学校重资源整合体现在很多地方。多功能厅真正体现了多功能。乐器排练厅、报告厅、餐厅、体育场馆合几为一，凸显实用性，每个教室都是满满当当的，到处是孩子们的作品、物品，教师办公室和教室就在一起，楼道里还能看到铁皮箱里放着笔记本电脑，很多鼠标和插线，一问才知道这是为了给学生们向老师提问提供方便，他们可以用电脑向任何老师提出问题，不用到处去找老师，为学生服务的思想随处可以体现。他们的学校里没有一块地方是废置的，每块地方都有几个用途。报告厅的舞台是乐器排练场；体育馆铺上垫子就是体操馆，拿开就是球馆，墙上是攀岩，边上是云梯；美术教室里都有一些铁丝做的一层层的物品摆放架，很实用。

为孩子着想。我们去的每所学校，都在楼道或专门的地方为孩子们准备了一个铁皮柜，上锁。孩子们可以把衣服、鞋子等等放在里面，既方便孩子，也尊重孩子们的隐私；他们的课堂都是那么生动活泼，小学基本是围坐在地毯上听讲，怎么坐的都有，他们的教室都是分为两个教学区，当大部分人在这个区域上课时，还能看到助教在另一个区域为一到两个孩子辅导，这就是他们所说的让每一个孩子把所讲的学会；英语课上完后，老师让孩子们读书，然后把书中的人物、所做事情列表，最后一栏由孩子们填写分析这样做对不对，为什么，这不是囫囵吞枣，是做了就要让孩子们有收获，不敷衍了事；化学课上不是讲方程式，而是让孩子们手里拿着花花绿绿的字母，任意拼装学习，动脑动手真正领悟才是他们追求的！校长买了一个大鱼缸放在楼道里，他让孩子们就照着里面的鱼作画，整个楼道里满是花花绿绿的，不管我们看着习不习惯，孩子们喜欢就够了。

以前总认为美国的学生很轻松，这次走进美国高中才知道他们也很辛苦！每天七点半到两点半上课，中午休息25分钟，下午放学后65%的学生坐校车回家，剩下的在校内上各种兴趣班，家庭作业要3到5个小时才能完成，听到我说我们的学生八点之前到校时，他们都惊呼，并睁大了眼睛，那是一种羡慕！孩子们想玩的天性都是一样的，但是要想上名牌大学都必须要付出辛苦，一分耕耘一分收获，这是一个不变的真理！

在美国培训时的一个细节让我至今难忘，早上一起来就拉开窗帘，急着想看看雪停没停，下得有多大。原来雪已经悄无声息地停了，地上厚厚的一层，我出来围着酒店周边赏雪。时不时地看到车辆从小区开出来，司机友好地和我点头微笑，停车场里男男女女在铲车上的雪，铲雪车从路上来回走着，因为我照相站在路边挡住了他的路，他就耐心地停在那里等着我，他的表情安详友好，当我发现影响到他的工作时急忙闪开，并歉意地和他微笑。他继续认真地完成他的工作，不急不慌，那种安详真的让我心动，我的生活状态是什么呢？别说路上有人挡在那里，就是前面的车开得慢一点，都会不耐烦地按喇叭，那种焦虑急躁好像传染病，让大家的内心不能平静下来。这个铲雪工给我的感触最深。他不急躁，不浮躁，他的优雅令我折服；他铲雪一丝不苟，严谨做事的态度更加让我钦佩。我想通过自己的努力坚守一些东西，改变一些现状。我愿和我的老师一起：慢而优雅地生活，严谨认真地做事！通过共同的努力让翡翠城的孩子们快乐健康地成长！

第三节 我所理解的学校文化

作为一名学校管理者，我自然无法回避一个问题：什么是学校文化？近些年来，我国基础教育领域掀起了一场建设学校文化的火热运动，不管是在教育经费上还是在学校人力物力上，都有巨大的投入，我也是亲历者。在边做边思考的过程中，我一次次在心里梳理和回答"什么是学校文化"的问题，可以说，至今仍未形成令自己满意的答案。以下所述只是我一些不成熟的见解，以求教于方家。

一、学校文化是"生态"

对于什么是学校文化，学术界有明确的结论，这方面的资料很多，而我们要做的，就是将其与学校教育教学实际结合起来，与干部教师的理解水平对接起来，给学校文化一个通俗的描述。从我的经历和感受而言，学校文化就是一所学校在办学中所积淀下来的文化。

身在学校或者曾经深入学校的人都知道，教师在学校培养学生，其行为不是随意的，而是在国家政策、民族文化、地域风俗的基础上，根据自身所确立的教育价值观，结合现有的教育教学成果和科技发展水平来进行的。换言之，任何一所学校的育人从根本上说都是有限制的，因而也是独特的，都具有自己的基础状况和方式方法。从这个意义上看，学校所依据的价值观和所采取的方式，就是这所学校文化的核心内容。我们平时参观一所学校，进入其课堂、校园，最先体验到的就是它的价值观，以及围绕价值观而形成的教学、德育、管理和环境创设等种种实施方式。

基于此，我所理解的学校文化是一种"办学生态"，是一所学校根据它所确立的核心办学价值观，在教育教学中所努力形成的独特的办学方式。我们知道，自然界有各种各样的"生态圈"，是不同物种在特定的自然条件下所达成平衡的一个个小环境。学校也类似，根据不同的价值观和目标，同样也会形成不同的"教育教学生态"，这个生态其实就是"学校文化"本身。

第一，学校文化是"生态"，是具有生机和活力的"系统"。它不是单一层面的东西，也不是不同东西的机械组合，而是不同因素和内容在特定价值观层面的有机统一。换言之，不管是教师还是学生，不管是教学还是德育，不管是校内还是校外，学校办学的各个方面只有贯穿着一个核心——育人价值观，才能形成一个"生态圈"，才能展现出文化的特征来。学校文化不是单薄的一枝一叶，而是一个从思想到行动再到符号的一种整合和结晶。如果没有形成这样的一个体系，就还不能说形成了学校文化。

（1）学校文化不只是教育理念。有的学校对文化侧重于表达一种教育态度，有的侧重于学生培养目标的表达，还有一些侧重于表达教育教学方法上的追求。其实学校文化不只涉及价值问题，也涉及认知问题，不仅涉及教育教学的追求与取向，还涉及学校成员对于工作性质与意义及相互关系等内容的理解与作为。如果把学校文化与学校教育理念简单等同起来，就会窄化学校文化的涵义，长此以往，会脱离办学实际，让学校文化只是流于口号。

（2）学校文化不只是环境文化。尽管没有任何一位校长会说，学校文化就是环境文化。但实际上，很多学校文化建设的主要工作和重点投入，都是放在环境方面，从标牌、标语，到文化走廊、文化墙，再到文化景观、文化建筑。我一直认为学校的环境是为教育服务的，它是教育的存在，因此一定不能为了环境而环境，而应该是学校核心价值的物化体现。学校文化是物质文化、制度文化和精神文化的总和，环境固然重要，但不能将文化与环境混同，它是文化的反映，不是文化本身。

（3）学校文化不只是活动文化。有些学校热衷于组织丰富多彩的文化活动，在活动慢慢形成品牌的时候，误以为这些活动等同于学校文化。不可否认，主题鲜明、富于实效的活动确实可以凝聚人心、激发斗志，但是它只是文化的一部分内容，我个人认为学校中多数情况下宜静不宜动，应该留给师生更多的思考、独处的时间，才更利于其成长。

第二，学校文化是特定的"生态"。学校文化具有文化的一般特质，又具有自身的独特性。它既然是一个办学的"生态"，而不是企业生态、机关生态，就具有自身的特征，从我个人的认识来说，其最大特征就是具有独特的教育教学样式。如果说教育价值观是抽象的准则的话，那么，教育教学样式就是一所学校在办学中所展现的外在特征。有什么样的教育教学样式，就具有什么样的文化面貌。

（1）学校文化的内容分为四个层面。学校文化有很多种划分方法，我习惯于将它分为理念文化、行为文化、视听文化和环境文化四类，我觉得这样的划分在校长做学校文化建设的时候比较好操作，不易偏颇或遗漏，统一规划、协调统筹、齐头并进。理念文化是学校文化建设的核心工程，是学校最高层的思想和战略系统，包括办学思想、培养目标、办学目标、校训等；行为文化是学校文化建设的保障工程，规范着学校的教育教学活动，是学校实践办学理念运行模式，包括课程文化、课堂文化、制度文化、物质文化、对外交往文化、教师文化、学生文化等；视听文化是学校文化建设中最外在、最直观的部分，通过个性化、标准化、系统化的视觉形象，体现学校的办学理念和精神文化，塑造独特的学校视觉形象，包括校歌、校徽、校色等；环境文化是学校文化建设的基础工程，个性鲜明的环境氛围会起到"润物细无声"的教育作用，包括建筑风格、精神内涵等。

（2）学校文化的载体是学校中的人，即教师和学生。李政涛认为：学校文化的根本特征是日常性，他涉及每个人平常是怎么思考问题、怎么行动的。换言之是怎么过日子的。[6]我觉得这话一语中的。学校文化通过"人"不断地生成与进化的，它不是虚无缥缈的空中楼阁，它落在每个人的行动之中、思考之中，它是不用刻意地想起，就能自然而然流淌出来的。学校之所以具有生机与活力就是因为有人，因此发挥师生的主体性，让他们在传承、创造文化的过程中更能够成就自身的发展。

二、学校文化建设是一个复杂的过程

我接触过一些校长，他们在学校文化的创生中付出了非常多的精力，但是效果不尽如人意。有的一换校长文化就断了，所以学校文化总是在创生的路上；有的提出的主张与学校里的教育教学活动相悖而驰，自然无法让文化生根发芽，枝繁叶茂；有的理念思想没有与时俱进，还停留在解放初期；有的学校文化只是停留在标语口号上，并没有落在实处……因为学校文化具有复杂性与不确定性，虽然定义学校文化寥寥数字就可以解决，但是它的内涵实则极为丰富，学校中所有的人、物、事都囊括其中，它的形成是一个复杂的过程。

---

[6]　李政涛.重建教师的精神宇宙 [M].上海：华东师范大学出版社，2014：93.

作为一名工作在一线的校长，我走过四所学校，其中有三所都是新建学校，因为一切都要从零做起，因此在圈内朋友们都戏称我为"开荒校长"，这个"开荒"就包括学校文化的创生。对于一所新建学校，我觉得文化的确定，不能急于求成，应该发动全校教师，做出详实的 SWOT 分析，尽量系统地去挖掘学校的发展优势劣势、机遇和挑战，依据实际提出教育主张，然后全校师生步调一致去践行文化，在这个过程中让学校文化不断鲜明、丰满起来。

学校文化的生长和建校时间长短没有必然的关系。时间是文化的一个重要变量，但用时间长短判断学校文化水平高低，就在一定程度上误解了学校文化的涵义。我们也能看到，一些学校虽然建校时间不长，但是已经凸显出了文化的味道；一些学校虽然有着悠久的历史，但我们却感受不到文化的厚重气息，只剩下一些老物件儿，一些只言片语。学校文化具有相对的稳定性和继承性。它与每一时代的社会历史条件有密切的联系，学校文化的内容由社会历史条件所决定，不存在永恒不变、永远适用的学校文化。不同时代的学校文化都会有时代的烙印，一个时代的学校文化，不是从零起步，而是对原来文化的摒弃与继承。纵观历史的长河如此，聚焦到一所学校的文化也是如此。学校文化忌讳的就是一有风吹草动，就全部、快速的变化，出现钟摆现象，这样的变化就是折腾！

学校文化建设受一定社会的政治、经济、文化的状况所制约，具有社会性。我们是社会主义国家，是在中国共产党领导下办学，坚持社会主义办学方向是教育的政治原则，也是教育的根本问题。党的十八大报告指出："全面贯彻党的教育方针，坚持教育为社会主义现代化建设服务、为人民服务，把立德树人作为教育的根本任务，培养德智体美全面发展的社会主义建设者和接班人。"这是我们思考和谋划教育工作的逻辑起点，我们确定学校文化时，这一条是第一位的，它是方向、是根本，不能有丝毫的偏差。

著名教育家陶西平先生在为《百年汇文》一书所作的序中指出："学校文化必须精心构建，长期培育才行。学校文化是学校的灵魂所在，因此学校文化需要长期坚持。文化建设是要有记忆的，没有记忆就没有积累，没有积累就谈不上文化。"我们应该走文化自强之路，让学校文化不仅产生化育生命、凝聚自身、辐射社区和社会的强大吸引力、影响力，还要激活和焕发出创新教育文化的活力与创造力！

教育纵贯线

读《欣赏型探究：一种建设合作能力的积极方式》有感

读完美国学者弗兰克·约瑟夫·巴雷特和罗纳德·尤金·弗莱合著的《欣赏型探究：一种建设合作能力的积极方式》这本书，我好像豁然开朗，原来换一种视角，换一种思维方式，是可以这样的海阔天空，以前朦胧的意识中也是在运用 AI 做一些事情，但是没有这么明朗化、清晰化。我读这本书的同时就为班子的每位成员也订购了一本，九月份的同读书目我就推荐了这本书，十月中旬进行了读书分享，大家结合学校发展和自身工作谈了这本书带来的启发。随后又给每位教师买了一本，作为本学期教师的共读书目，因为从学校管理者角度和教师对于学生的教育角度都非常有益，我希望翡翠城里的每个人都能够用这种积极阳光的心态，共同构建绿色成长的学校文化。之所以选择这本书，是源于三个关键词——欣赏、探究、合作。

一、以欣赏为前提的问题发现与解决

欣赏型探究是一种以优势为本的能力建设理论，它首先致力于发现人类系统共同经历中的最好方面，从而推动人类系统向最为积极的潜能方向发展。

如果我们用绿色的眼睛看世界，那这个世界也是绿色的。我们带着什么样的心境看事物，那这个事物就会成为什么样的。我一直在想，其实作为校长，我们可能会遇到各具特点的教师，我们不能说哪一类就是好的，哪一类就是坏的，我们的职责不是在鉴别优劣，更为重要的是发现教师的潜能优势，为他们提供平台，让他们各美其美，这样的管理才是高效的。经常有老师说我：怎么在您的眼里什么都是阳光的？每个人都是好的？其实我们的出发点不同，慢慢地结果也就会跟着改变了。时间长了，老师真的就会成为我们期待的样子。当我们依靠欣赏或者通过欣赏开展工作的时候，这个世界就会以一种极其特别的方式展现在我们的面前。那些积极的品质与富有希望的特征就会变得越来越突出。"我们注意什么，什么就会增值。"根据洛萨达线正面：负面 =2.9：1 可以知道，一个单位里正面负面影响 3：1 是正常的，负面情绪是给我们人生的一份礼物。在教师管理上我觉得我一直是在无意识中运用着欣赏、等待、信任的原则，让每位教师成长。"学校好是因为我好"，这是我的口头禅。学校也持续开展"我说我的和谐团队""校园因我而美丽"等团队分享活动，应该说已经形成了大气、智慧、自信、优雅的教师团队文化。

在管理学校事务上，我的出发点一直是从问题入手，然后确定科研课题进行研究解决，我感觉能够发现问题就是我们还在前进的标志。我会采用问卷、座谈、调研等各种方式，倾听师生的声音，从而发现真问题，作为下一阶段的发展项目。我想以后可以试着转变一下思路，不是聚焦查找问题，而是聚焦寻找优势：我们哪里做得特别好？学校发展到现在是有哪些优势在支撑着？应该会有不一样的结果吧。以欣赏性的态度追问一些焦点性的问题，有助于拓展察看探究对象的可能性，有利于进一步提升探究对象的价值。

二、优势互补中的协作与探究

欣赏型探究本质上是一种协作性的过程，它通过发现各自的优势，并依此来想象、构建和实现一个共同期盼的未来。它是通过开展新型的对话和特定的探究来生成更强的合作能力，并以此为基础，形成一条强有力的变革路径；它是有意识地从优势中学习而不是从缺陷中学习。

在学校发展中，仅凭校长一己之力是无法办好学校的，团队成员应该相互赏识，优势互补，协同作战。我们的学校三年发展规划不是从上至下的规定动作，而是上下几次反复，头脑风暴席卷每个人，在此基础上历时近一年时间才制定出来。这也渗透着我们所提出的拼图文化。其实学校发展遇到问题是正常的，以积极的心态、联合大家的智慧予以破解，我觉得这应该是本书带给我的最大启示。

学校建校十年，取得了一些成绩。我最怕的是干部教师枕在原来的成绩上悠然自得，靠着一种惯性思维做事，或者由于繁忙的工作只是成为飞速转动的陀螺，没有思考，没有质的提升，只是在累加时间，其实这真的很可怕，所以在这个关键的时间点本书出现了，欣赏型合作、探究可以成为一所学校发展的抓手。

三、从故事入手，而非总结会议

社会建构论思想认为，我们创造的这个被称为"真实"的世界，是由对话、符号、隐喻和故事这些语言创造出来的。当我们创造了新的故事，采用了新的隐喻和新的语言的时候，我们也在改变这个组织的结构。分享以往最佳实践故事的行为，推动了彼此强有力的互动，加强了合作与确保变革愿望间的联系。故事并不是一些清单或是挂在墙上的招牌，它深刻地标明了它持有的价值观、一些重大的转折点以及种种神奇的表现，为文化的生长提供温床。

我想从三个层面让翡翠人讲故事，积累具有典范性、特色性的管理案例和教育故事，进行深入的理性思考，进一步凝练核心教育主张和办学思想——鲜明绿色成长文化。

每次的干部例会讲感人的故事。以前我曾经尝试过每次干部例会，每人讲发现的一个问题以及解决的策略，我想这次改变一下思路，每人讲一件感人的事情。

每次的教师例会讲难忘的故事。学校成立十二年了，前三年到校的教师经历了学校的创业阶段，他们奉献着自己的智慧与青春年华，让他们每次会议讲一两个故事，说一说曾经的过往，这对于延续传统，共同构建愿景会有很大的帮助。征询学校中处于最佳状态、最有效率和最为流行时的那些故事和经历，鼓励大家更深入地探究对方的故事，挖掘故事中潜藏的成功因素，努力"开采别人故事中的金矿"。

每学期的"故事汇"讲主题故事。每个学期的总结会也可以采用讲故事的形式，每次设定主题，比如可以说一说家校合作中自己最成功的一个案例，在学生养成好习惯上自己的一个成功案例等等，在这样的分享中，一个个的难题可以轻松破解。

欣赏型探究并不只是将人们聚集在一起，也不只是使人们彼此变得更加积极。这里围绕着生成性、肯定性话题所做的工作，旨在促使人们更好地理解、构想和实现更多的未来的可能性，这在能力建设过程中非常重要。讲故事、听故事，在探索成功的共同因素过程中，倾听和积极分析故事情节成为一件增权赋能的事情，它让每个人都能够参与其中，成为学校发展的主人。

在学校发展中，将每个人都纳入内部的战略圈中不仅是可行的，也是很有益处的。凭借欣赏型探究，我们能够使所有的利益相关者或者成员学习和理解何谓优秀，何谓必要，以及何谓富有生命活力。同样，我们也能推动全系统按照它的最佳样式生长和运行，依靠信息手段，人们势必关注整体，重视合作，进而影响到系统，促进系统合作能力的提升，逐渐形成学校绿色成长文化。

第二章 『绿色成长』文化的诞生和发展

学校文化是可以创建和生长的，也是可以凝练和阐释的。但学术定义的学校文化在现实中是无法遇到的，更是无法套用的。研究者和实践者都需要牢记的是：学校文化是活着的、能动的，也是情境的、事实的，不是来自于外面的和概念的。管理者需要在情境和事实中构建、滋养和培育学校文化，研究者需要在事实和情境中考察和学习学校文化。

——张东娇[1]

学校作为一个组织，只要尚在运行，就是一个不折不扣的"活生生"的组织，即具有非常具体而生动的存在环境。它所处的国家、地域、时代是具体的，所内蕴的政治、文化、风俗特点是生动的，这些要素是难以化约和等同的，都是学校存在和发展不可忽视的重要因素。基于此，可以说任何一所学校在文化的诞生和发展上都具有与别人不一样的轨迹。北京小学翡翠城分校自然也是如此。

北京小学翡翠城分校所提出的绿色成长文化是在把握当前小学教育规律的基础上，总结办学实践，吸收和借鉴中外教育的理论成果，经过全校教职工研讨、实践、总结而成的；是根据自身所处的特定的政治、文化和社会环境特点，结合本校师生的文化需求和文化构建能力，着眼于本校的教育追求而逐渐形成。同样的，这也是一条不可复制的发展轨迹。

---

[1] 张东娇．学校文化管理 [M]．北京：教育科学出版社，2013：6.

第一节 学校的新生和初步发展

"名校办分校"是北京市发改委与北京市教委为了扩大优质教育资源供给、促进教育均衡发展而出台的惠民政策。随着北京市整体规划方案的出台，城区人口有序地从市区向外迁移，一些新建的大社区陆续出现在三环以外，但是相应的服务设施跟进不及时，配套的优质学校就是其中之一。因此吸引名校走出本区到城乡接合部人群相对集中的社区办学，可以有效地促进教育的均衡发展，这就像在沙丁鱼中放入鲶鱼一样，使郊县固有的学校被激活，使之相互借鉴，相互切磋，实现整体的跨越式发展。北京小学翡翠城分校就是在这个大的背景之下成立的。

一、学校成立

2008年6月，北京市大兴区教委与北京小学签订协议，北京小学翡翠城分校成立。我第一次到陌生的翡翠城报到时，学校的教学楼从外面看比较宏伟，有了楼体的框架，走到里面才发现没有能够落脚的地方，四壁是水泥，地上是瓦砾，操场是一个大土场。没有过多的时间犹疑，我立刻投入到了紧张的开学准备之中：到交通局、财政局、规划局、卫生监督局、街道办事处等单位办理相关手续，熟悉领导班子、基建施工、购进教学设备、办理法人证书等等，可以说从来没有感受过，身上的担子如此之重。万事开头难，到翡翠城后的短短几个月每天马不停蹄，我半年里体重减了十斤。对于学校内部管理，每天早上到校后，我都会坐在桌前将当天要做的事情，按着急不着急标出序号记下来，然后一件件去做，到下班时再打开本子对一对，完成的画勾，没完成的在边上注明原因，成为第二天的第一项工作。我知道作为校长最重要的是把握大局，把握方向，虽然工作千头万绪，但要始终保持清醒的头脑，条理清晰，有条不紊，只有这样学校才能在正确的轨道上前行。

招聘教师和招收学生都是借用学校旁边的餐厅。招聘教师的时候，我们请来北京小学的专家团队做面试官，经过多方考察，16名有爱心、坚忍不拔、业务能力强的教师组成了翡翠城的创业团队。招收学生的时候，教学楼依然在施工中，操场上沙土飞扬，校园连大门都没有。即使是这样的教学环境，第一批入学的学生竟有 67 名！这 67 名学生的家长放心地把他们的宝贝交到了我们手上，这是多大的信任啊！当时我们就立下誓言：必须竭尽所能，对得起家长的这份信任！我们就是怀着这样一份感恩之心开始办学的。开学忙教育教学工作，放假忙基建施工，马不停蹄，这种状态，一下就持续了十年。

非常值得庆幸的是，初到翡翠城，我遇到了原北京小学校长、特级教师吴国通，在他身边，感受他的睿智与风趣，吸纳他的经验与思想，这让我后来的成长迈上了一个新的台阶。第一次见到吴国通校长，他就对我说：不要带着原来的管理思路来工作，要从零起步。他还告诉我，办大校，应该从大处着眼，从每一细微之处打造学校的厚重、大气，从一开始就使学校走得扎实；办学不是只盯在学校内部这个小圈子里，人在校园，眼光要在世界；眼里看到的是孩子的现在，但考虑的应该是十几年后孩子的高考乃至一生。现在回忆起来，当时的这段话对于我来说太重要了。

就这样，在翡翠城，我和老师们开始了新的教育寻梦之旅。我将心灵放空，尽量避免用原来积淀下的惯性思路处理事情，而是以一个学习者的姿态，清零重整，时时处处多和吴校长沟通，在建校的四年间我记写了十余万字的工作随笔，大到办学宗旨，小到具体一个小案例的处理方式，可以说每天都有新收获。正是这种对工作、学习的放空、低头、吐故纳新，才让我每天都会受到冲击，感觉一下子站高了许多。这为后来提炼、探索翡翠城的学校文化提供了很大的帮助。

二、确立发展思路

北京小学翡翠城分校坐落于清新幽雅的大兴新城北部，学校占地 30 亩，建筑面积一万六千平方米，校园紧邻翡翠公园，树木葱茏、幽雅宁静。学校拥有智能化教学楼（内设 890 平方米图书阅览空间、电视演播厅、报告厅、舞蹈房、瑜伽馆等）、文体楼（内设篮球馆、钢琴房、古筝教室、围棋教室、电钢琴教室、书法教室等）；宽阔的国旗广场、多处休闲娱乐园、塑胶操场、宿舍楼及就餐大厅为师生的生活提供了方便。学校预计发展规模为 30 个教学班，其中 12 个住宿班，18 个走读班。从硬件配备来看，这是一所高起点的学校。北京小学与共和国同龄，已有六十几年的建校历史，是一所全寄宿制优质小学，作为北京小学的分校，翡翠城也成为一所百姓高期待、政府高期望的学校。我们第一年招收了两个走读班级，第二年开始面向全市招收寄宿学生，此后连续近十年都是走读与寄宿双轨制并行办学。

借助名校的光环，学校前几年也许会呈现出一派喜人的景象，但是牌子挂上了，并不等于就是名校了，关键是在若干年后能否形成自己的办学风格，具有内生长力。企业界有一个"穿越玉米地"原理：企业发展就好像一些人在比赛穿越玉米地，第一要比穿越的速度，看谁能够更快地穿越过去；第二是要一边穿越一边掰玉米，最后要看谁掰的玉米多，这就是效益；第三玉米叶子是很锋利的，穿越的时候很容易把手弄伤，最后还要看谁身上的伤口少。企业的发展好像穿越玉米地，必须兼顾速度、效益和安全。这就是一种整体的思维。对于一所学校的发展来说，也应该从一开始就有整体的思维与规划，兼顾发展的速度、效益及法律法规。建校之初，我们就确定了学校的整体发展思路：前两年静心学习北京小学，输入理念，取其精华，站在巨人的肩膀上发展，同时在这两年的发展过程中结合区情、校情找到学校自身发展的契机与亮点；从第三年开始确定翡翠城分校的发展之路，并用三年的努力使之鲜明、扎实。

三、发展根基

2008年学校成立至今，在和北京小学的接触中，我们慢慢地品味与思考，深刻地感受到了一所老校所积淀的深厚底蕴：以服务代管理的扁平化、精细化的自主管理理念，"基础扎实，习惯良好，学有所长，全面发展"的学生培养目标。这些都成为翡翠城学校后来发展的底色，被沿袭下来。在干部教师队伍建设上，我们从一开始就确定了长短期相结合的培训制度，要求校内每位教师都到本校参加一个月到半年的脱产培训。为了使培训更加扎实，教师培训回来后还要为校内教师做培训心得汇报，并上汇报课，在课堂上诠释北京小学的育人理念。他们跟着本校安排的优秀指导老师备课、听课、说课、讲课，感受着北京小学的文化。

每当看到教师们眉飞色舞地谈自己的感触与收获，看到他们在课堂上有些生涩却又充满自信的尝试，我都为之感动。我欣喜于年轻教师接受新事物的速度，没有经验照搬优秀教师的东西有什么不好？在长期的教学实践中，我相信他们会慢慢归总出自己的教学风格。我们有一个统计数字，建校前五年，参训教师60人，听课4200余节，讲课90余节，记写随笔120万字。在管理上我们还与本校统一了课程表、作息时间表以及期末检测内容；在教师评价方案上也与本校趋于一致；在学生寄宿管理上，统一一周食谱，统一管理流程，并在原有基础上有所改进。这些都为翡翠城的后续发展奠定了坚实的基础。

教育纵贯线

教师合唱社团带给我的思考

教师合唱社团的组建完全出于偶然。有年区里工会组织教师的合唱比赛，我们自愿报名后利用下班后和中午时间练习。九月份刚开学，老师们都很忙碌，上了一天课了，下班后还要唱歌，我当时觉得真是挺残忍的一件事情，因此没有什么特别的行政要求，让老师们每天根据自己的情况自愿参与练习。

音乐组负责合唱的老师着急了，他们觉得学校在各个方面都非常出色，这次合唱比赛如果成绩不好会影响学校的声誉。他们想了很多办法，比如合唱开始时会互相做一下按摩操，缓解一下疲劳；唱歌时讲清歌曲要表达的情感，教给通俗易懂的发声方法。因为音乐教师也要上一天的课，看着他们那么辛劳，我悄悄对班子成员说：我们帮不了什么，就暗地给他们一些行动上的支持吧。我和班子成员不管多少事情，只要练习合唱时都会准时参加、认真练唱。在练习的过程中，大家渐渐地感受到了音乐的魅力，感受到了同伴的辛苦，更加明确了共同的方向——要把良好的精神风貌呈现给外界。大家克服了很多困难按时参与到合唱中来，经过几个月的练习，大家的心贴得越来越近，合唱技巧方法也提升了不少，更多了一种默契。有时某个声部唱不好，就会在中午时间加练，大家也是非常认真地一次次练习，没有一点怨言，整个过程收获中带着艰辛。

做一件事情我们享受的是过程，只要留心，路上皆是风景。在名利面前，我们没有简单地强制教师而是和风细雨地去浸润，无论什么情况，都保持优雅的姿态，让管理回归理性，绝对不会急功近利，扭曲路径。因为只要是比赛就一定要有输赢，为什么我们就永远是赢家呢？我想作为一个学校领导者，只有把这些都分析清了，看透了，才可以从容地办学。

比赛后，大家觉得练习合唱真的很享受，疲劳一天，唱歌时时间过得特快，身心也得到放松，这也是一种减压与休息。于是这个临时组建的合唱社团被保留了下来。我们的"绿色成长"教育理念倡导，即使有激烈的竞争也要让孩子的成长有尊严、合规律，我们的教师成长不是也应该有同样的坚守吗？我非常庆幸当时的决策，没有强制教师，没有占用过多的时间打长久战，而是以提高效率和练习质量的方式完成了任务。

第二节 "绿色成长"文化的诞生

在吸纳、学习北京小学先进经验的同时，我一直在思考翡翠城自身的发展之路，因为复制永远是缺少生命力的，也很难蓬勃发展下去。作为校长，我如果确定不了本校的文化方向，就会使学校像一艘失去了风向标的航船，全校师生就会茫然而无所适从。我不时地问自己：翡翠城究竟要走向何方？带着这个问题，我和全体教师一起，在建校最初几年时间里一直在探索和思考学校的育人文化，我们一起为了梦想出发。

一、寄宿文化

我们最早注意到的是寄宿文化。本校北京小学在寄宿文化上形成了鲜明的特色，在几十年的实践中积累了大量的管理经验，而我们也有一部分寄宿的学生，加之与北小的特殊关系，因而自然而然就想到要从寄宿文化上寻找突破。对于寄宿管理，我们得益于北小的经验，一开始就是站在巨人的肩膀上发展，但我们努力更加凸显精细化、人性化的特点。

在设施上，学生的上下铺是我们精心设计的，更加适合孩子，安全系数高；我们为每个孩子准备了储物箱、折叠椅；每个房间都配有盥洗室，24小时供应热水；每个楼层都有淋浴间、卫生间、饮水处、会客空间，并设有服务电梯，让孩子们感觉这里就是他们的家，舒适、安全、温暖。

在服务上，实行三段式管理，每班配有正、副班主任、生活老师三人；每天为孩子们准备六餐，三顿正餐，三顿加餐，更利于孩子们成长；图书室、小花园等场地为孩子们提供了很好的休闲去处；下午放学后、晚上几十个兴趣班供他们自由选择参加，还有庆生会、家长讲堂、小主持人广播、电影展播等让孩子们的业余生活更加丰富多彩。

来校的人都说我们的管理精细、到位，尤其是孩子们的自理能力与交往能力都很强，在大家的赞扬声中，我们感觉这应该就是我们独有的办学特色。但是后来我们发现，对于庞大的学校管理体系来说，寄宿管理只是冰山一角，不能代表学校的整体发展方向，况且寄宿只是一种办学体制，也算不上是学校的办学特色。

二、拼图文化

寄宿文化既然不是方向，那么思考就回到了原点。我在想，自己做了十几年的校长，一直在坚守的东西是什么？我感觉，这个问题的答案对于学校文化方向的确立会有一定帮助。可以说有段时间我就像着了魔，吃饭走路都在想这个问题，偶然的一次和小侄子一起玩拼图，我突然茅塞顿开："拼图文化！"我们走过的路、做过的事，"拼图文化"就是一个高度的概括与浓缩。如果说我带的几所学校都有所建树的话，那么全是得益于有一支和谐进取的团队！而且，当时翡翠城学校领导班子和教师群体在建校过程中形成的团结合作的可贵精神，更是像拼图一样。拼图中的每一小块都各有各的形状，各有各的色彩，这犹如每位教师、学生都有自己的个性，都有自己的精彩，而学校管理者充分认识并尊重这种现实存在，才能具备做好其他事情的前提，同时只有把这些散落的拼图融合在一起才会形成一幅壮观的图画，合作相容又是多么重要！另外，这里还有一层含义就是不抛弃、不放弃，因为少了其中的任何一块拼图，这幅画就都不完整。

在和班子成员、老师们的一次次沟通中，我们异常兴奋。因为这种理念是在我们建校两年多的积淀中提炼出来的，因此非常深入人心：大家嘴上说的，文中写的，时而有"拼图"这个词出现；大家还进一步归总出了"学校好，是因为你好；你好，学校才会更好"的经典语言来进行自我激励。我感觉自己像是产下了一个婴儿，对她呵护有加，有着特殊的感情。我们对拼图文化思考的时间最长、付出的努力也最多。在这个探寻的过程中，我们更加深刻地懂得了，没有一支业务精湛、团结进取的教师团队就不可能有学校的发展。

三、翡翠城文化

正当我们推敲词汇、提炼语言，完善"拼图文化"时，专家朋友却给了我迎头一棒：你们所说的"拼图文化"不是办学理念，它只是一个办学理念之下的管理理念，也就是说是一个下位的概念。同时他们给我提供了一本书——《绿野仙踪》，让我阅读和寻找灵感。

我反复读了几遍。这是一本经典童话，里面讲述了这样一个故事：美丽善良的小姑娘多罗茜与亨利叔叔、艾姆婶婶居住在堪萨斯州大草原上。一天，一场龙卷风把她刮到了一个陌生而神奇的国度——奥芝国。她要回到叔叔的身边（家园、归属），就要到神奇的翡翠城去寻找伟大的巫师奥芝。在沿着黄色地砖去往翡翠城的路上，多罗茜与没有头脑的稻草人（想要一个头脑——智慧）、没有心脏的铁皮人（想要一个心脏——爱心）和毫无勇气和胆量的狮子（想要胆量——勇气）成了好朋友。为了实现各自心中的愿望，四者结伴前行，互相帮助，携手合作，历尽艰险，也遇到了许多稀奇古怪的事情。最后他们凭借着自己非凡的智慧和顽强的毅力都如愿以偿，实现了自己的梦想。

尽管这个故事很有意味，但我还陷在"拼图文化"中很难走出来，一时并没有什么思路，后来干脆就把这件事情放下了，不去想它，我只是想沉淀一下再去梳理。经过一段时间的休整，我想还是听听大家的想法吧。正好暑假到了，我要求每位教师都要花时间去读《绿野仙踪》，而且要带着思索学校办学理念的想法去读，并写下读后感；后来，我们又用了一天时间让大家分享自己的读后感，进行交流碰撞。在分享会上，教师们感言："学校有着童话故事中同样的名字：翡翠城；有着同样的愿望：实现人生梦想；有着同样的目标：让学生都充满爱心、智慧，用自己的勇敢和拼搏的精神去实现自己的理想；有着同样的精神：团结互助、不畏艰难、勇于拼搏。""故事中的一句话让我们心驰神往：只要我们一直走下去，总有一天我们能到翡翠城。翡翠城就是孩子们实现梦想的地方。""故事描述的是对于爱心、勇气、智慧、幸福的追求；稻草人、铁皮人、狮子分别扮演着自我心灵成长的三大因子：智慧、爱心、勇气。"大家异常兴奋，我也从中慢慢梳理，终于可以跳出原来的圈子想问题了。

四、"绿色成长"文化

得益于《绿野仙踪》这本书，我们开始思考如何利用校名和童话内容，将其转化成为学校的价值理念和文化特色。也许因为是女性，我对色彩十分敏感，并对绿色有一份特别的偏爱。在我眼里，绿色，是生命本身的颜色，它所标示、所代表的，正是原生态的、活泼的生命之美。同时，我们美丽的校名"翡翠城"，也与著名童话《绿野仙踪》中那个用无数块翡翠搭建起来的翡翠城堡不谋而合，那晶莹的绿色带给我们无限的向往。从翡翠之绿、翡翠城之绿、《绿野仙踪》之"绿"中得到启发，决定采用"绿色"一词用以描述翡翠城分校所追求的儿童成长的内涵，于是，"绿色成长"一词产生了。

而随着"绿色成长"这一概念的确定，一种朦朦胧胧、模模糊糊但却直击我们心弦的文化体系也呼之欲出："绿色"代表一种意蕴丰富的价值取向，表示更健康、更有生命活力、更可持续等多种内涵；"成长"代表我们教育教学的根本目标和最终追求，即落实于学生的生命进步和提升上；"绿色成长"代表核心理念，可以为教育教学带来明晰的价值依据；此外，还有梦想、爱心、智慧、勇气、归属等一系列富有意义的概念，可以用于学校文化构建的各个方面。我们感觉，这个概念既通俗易懂，又具备很强的阐释性和应用性，并且是居于学校发展的高度而指出方向，因而正是我们一直以来孜孜以求的。

而此前的拼图文化虽然没有上升到办学理念的高度，却作为学校的管理特色被保留了下来，其尊重个体、合作共荣的精神被融入"绿色成长"的内涵中；我们又将前期的思考进行整理，将寄宿文化中的"学生成长自主性"和翡翠城文化中的"绿色、梦想"等元素融入"绿色成长"内涵中，这样"绿色成长"变得丰满起来。它不是校长凭空的主观臆造，而是融入了教师的实践与思考。

就这样，"绿色成长"文化诞生了，并在随后的若干年中，被不断加以阐释、丰富、应用和实践，引领着翡翠城学校的办学走过了近十个春秋，使之成长为一所生机勃勃、奋发有为的地区名校。现在回想起来，我会感慨，对于一所学校而言，它的文化创生轨迹往往是难以预知的，但是冥冥之中总有天意，许多因缘总是悄悄地汇聚，只要我们不忘初心，循着教育本真踏实前行，就会迎来柳暗花明的美好时刻。

学校文化凝结在学校成员的行事方式之中，与学校掌门人多年办学经验积累密切相关，是学校适应未来发展所表现出来的独有品牌价值和品质保障。它是一种由上到下的贯穿，也是一种由下到上的默契，是上上下下的融合与共识。我们的学校文化方向的诞生历程带给我如下的思考：

注重过程。在探索的过程中我们全体师生共同参与，有些家长也参与其中，这个过程本身就是一种培训和提升，更是凝聚力量与人心的一种方式，在这个过程中我们每个人都在成长，都在越来越贴近教育的真谛，我想我们经历的这个过程应该比结果本身重要。

勇于放弃。《哈佛商业评论》刊登一篇文章，题目是《CEO必须做的三件事》，意思是一个企业的CEO必须做到以下三点：一是管理现在，二是有选择地忘记过去，三是开创未来。其实这是对所有管理者提出的三种必备能力：维持力、颠覆力、创造力。我想，在探索的过程中自己这三种能力都得到了提升，而给我触动最深的是有选择的忘记过去，颠覆，尤其是颠覆自己，是很痛苦的过程，不破不立，枕在过去的成绩上就不会有突破，不会有发展。

基于校本。只有民族的才是世界的，只有在学校的土壤里生长出来的才会有持久的生命力与活力，不照搬，不攀比，沉下心来，静心研究分析，我们都会找到属于自己的精彩。

长期坚持。把握学校文化发展的方向和灵魂，目标始终如一，围绕一个中心，不偏不离。长期坚持，学校的特色和个性就会凸显出来。

教育纵贯线

课程开发助力教师成长

2004 年 8 月中旬，我到北京市大兴区团河小学担任校长、党支部书记，这是我第一次作为法人主持学校工作。

校内干部教师队伍是在开学前一周匆匆组建起来的，教师们来自区内各农村学校，水平参差不齐，互相间也不了解。要想使这所新建校稳步、快速发展，当务之急就是打造一支团结进取、综合素质高的教师队伍。

当看到 2001 年教育部颁布的《基础教育课程改革纲要（试行）》中"在执行国家课程和地方课程的同时，应视当地社会、经济发展的具体情况，结合本校的传统和优势、学生的兴趣和需要，开发和选用适合本校的课程"这样一段话后，我的眼前一亮，这不就是我开展工作的切入点吗？经过反复论证，我决定发挥教师来自全区的优势，带领教师自力更生，编辑以大兴的风土人情、天文地理为内容的校本教材：一方面创新学校德育工作，培养学生热爱家乡的乡土情感；一方面凝聚人心，提高教师的整体素质。

2004 年 12 月 2 日，是一个令我难忘与感动的日子，我将想法告诉教师们后，补充道："这是一个苦差事，我们都有自己的本职工作，教材的编写只能利用业余时间，大家根据自己的情况自愿报名参加吧！"之后，我在会议室忐忑不安地等待报名教师的到来。一个，两个……小小的会议室显得有些拥挤了，在职的 23 名教师全都站在那里看着我。我当时感动得直想流泪，其实在此之前，我的心里一直都没底，现在我的心里踏实了，原来我和教师之间是在互相支撑着！

　　编写工作紧张而有序地进行着。确立课程内容，设计编写体例，查找档案材料……真像是一场战役啊！不知度过了多少个不眠之夜、多少个节假日，3个月后，我们终于编出了6册校本教材。区教委领导看到教材后，决定把我们的校本教材升级为区本教材，并且指派大兴教师进修学校的教科研人员指导、参与我们的编写工作，这对于我们真是一份意外的惊喜。

　　我们又投入到对教材的修改、完善等工作中。为了拍到所需要的照片，我们有时一天要跑一百多公里。在劳累中，我们体验着奉献的快乐。教师们说："这是为全区孩子做的一件好事，我们累点也值了。"就这样，我们六易其稿，反复推敲，历时一年半的时间，经过市课程中心的立项、初审，最终完成了《大兴——我的家》两册区本教材的编写工作。市基础教育课程教材发展研究中心程舟主任感慨地说："你们真是创造了一个奇迹，别的区县都是组织全区的特级、高级骨干教师封闭起来编写教材，就这样还有一次过不了，进行第二次审批的。你们能够一次通过审批，真是太不简单了！"目前，这套乡土教材已经在大兴区正式启用，大兴区1.5万名3年级、5年级的小学生成为使用者。

　　从校本课程到地方课程，可以说是一个飞跃。在近两年的编写过程中，我们付出了艰辛与智慧，也收获了快乐与自信。在搜集整理课程材料的过程中，教师们的知识面扩大了，提炼、筛选信息的能力增强了，对其他相关学科的把握能力提高了，教师们的整体素质提升了，形成了勤奋、合作、向上的优良品质和精神风貌，干群之间形成了民主、平等、互信、友爱的关系。教材开发，使我们这所新建校走上了科研兴校之路，在短期内迅速成长起来，积淀了学校文化的底蕴。

第三节 "绿色成长"文化的发展阶段

时光荏苒，弹指一挥间，伏案深思，翡翠城已经走过了十二年的拼搏之路，而"绿色成长"文化也走过了十二年的发展历程。回顾和总结这十二年，"绿色成长"文化基本上经历了三个阶段：一是"融合"阶段，即2008年至2011年时期；二是"生长"阶段，即2012年至2016年时期；三是"辐射"阶段，即2017年至今。从"融合"以求自立，从"生长"渐至壮大，从"辐射"而初步开枝散叶，"绿色成长"文化走出了一条多彩多姿的发展之路。

一、融合

建校的前三年（2008—2011），那是我们思维碰撞最激烈的一个时期：北小的学校文化，我们的学校实际，时代的发展变迁，教育的百花齐放，都极大地激发了我们"理实"相生的实践创生，那是绿色成长文化的一个融合期，融百家之长，汲取各方之精华。乱花渐欲迷人眼，我们拨开迷雾，坚守办学的底线与初衷，那就是做一切事想一切事都从孩子的角度出发，紧紧把握住绿色成长文化的发展基调。

首先，关注学生的全面发展，尤重读书。

小学是打基础的重要阶段，我们必须关注孩子综合素质的提高。教育无小事，我们就从细微之处入手。每月的第一个周一，孩子们都会将右手放在左胸前庄严地宣誓：我是中国人，我爱我的祖国，我要使我的祖国更强大！一个没有根的民族很可怕，让孩子们懂得祖国就是我的大家；每天早上到校见到老师、保安、保洁人员都要鞠躬问好，让他们懂礼仪的同时，懂得感恩校内为自己服务的人；快上二年级的孩子都要重新回到幼儿园去为小弟弟小妹妹做事情，让他们知道照顾弱小者；每月我们都要拿出半天时间让孩子们进行义务劳动，擦栏杆、刷厕所、到翡翠公园捡拾垃圾，让他们知道劳动者的辛苦，体会劳动的快乐。每到学期末，学生知识测评结束后，还要进行为期一周的所有学科的能力大比拼，旨在扩大学生视野，让孩子能够全面发展。

　　"读书"应该贯穿孩子们的小学生活，为此我们首先创设了多样化的读书环境。"书香广场"是一个开放的读书场所，孩子们可以随意阅读。"悦读林"是一个个性化的阅读空间，以森林为主题，更加适合低年级学生阅读；可以容纳一个班上阅读课，在课上孩子们可以选择自己喜欢的方式读书：她们可以坐在椅子上、舞台上阅读，可以斜卧在地毯上读书，可以在梯形桌上摘抄，可以在电脑前电子阅读，可以在语音机前听书；阅读教师还可以利用小舞台组织演讲比赛。"翡翠书苑"更加适合教师和高年级学生阅读：靠里面是一个比较私密的空间"小书吧"，外面是一个比较宽敞明亮、正规的阅读空间。每到课间或者放学后，孩子们三三两两地坐在"书香广场"中陶醉地翻阅，那是学校中最美的画面。此外，我们实施一系列配套措施来推动和保障阅读的有效进行。晨读、书香时间，老师们带领学生诵读经典。每周安排一节读书课，让教师指导学生将读书落在实处。开通了每周一次的阅读展播：或诵读优秀古诗文，或诵读自己的优秀日记、读后感等，为每个孩子提供了展示自己阅读的平台。布置符合语文学科特点的创新作业，如"快乐暑期行""快乐十一行""书海漫游"等，让学生走上社会，走进社会大课堂，亲身去参与社会实践活动。

　　其次，孩子的身体健康从吃开始。

　　学校食堂自己办有很多难处，也非常牵扯精力，我们退缩过，想将食堂推向社会，但是后来我们在商议中形成共识：办食堂很累，也存在风险，但是为了让孩子更健康的成长，不管多难都必须自己办！因此自食堂开办以来，我们坚持教师和孩子们吃一样的餐，体现与孩子们的平等；教师餐只收取成本费，多余部分学校另外出资补贴，绝不允许因为教师餐的存在而降低学生餐标准。对于学生的加餐奶我们也精心地筹划，比如上午加餐奶要配合小饼干或小蛋糕，这样才易于学生吸收；睡觉前只喝纯牛奶或水果味牛奶，不喝巧克力奶，这样才不至于变成小胖子；对于饭量大肥胖的孩子，我们建议家长配合限制摄入量，使他们能够长得更健康；水果加餐每天两种，保证孩子们每周吃到十种水果。后来发现，家长和孩子们满意度最高的就是我们的食堂伙食，吃得好才能学得好，我们把食堂管理作为服务师生的第一个窗口。

　　学校有了一个良好的开端，干部教师们在不断规范着自己的言行，适应一种新的管理模式，接受新的挑战。建校仅仅一年，虽然学校还有很多地方在施工，但第二年九月我们就突破原来的招生规模，一年级招满了5个班。一位家长在我们的新年联欢会上这样发表感言："我非常庆幸我和我的孩子选择了北京小学翡翠城分校。咱学校的领导有思路，老师有热情、有水平、有爱心，这个学校硬件一流，没有理由不好。剩下就需要我们家长全身心配合学校，尽家长的那份责任，我们选择名校，不如和老师们共创名校，共成长。把我们狭隘的爱子之情升华成爱校之情，这个学校一定会以十倍百倍的爱心回馈到我们每个孩子的身上！"

二、生长

在学校发展接下来的四年（2012—2016），我们在已有学生观的引领之下，坚定地去做事、想事，慢慢让绿色成长文化扎根、生长。我们不再满足让孩子有学上，上好学，更在学生实际获得和幸福感上下功夫。学校形成了和谐、快速、良好的发展态势，我们扎扎实实的办学风格得到了社会和家长的广泛认可，使绿色成长文化的魅力逐渐显现出来。

优化管理，开放办学。以科学管理为基础，规范各项规章制度，创设美好的平安校园。针对集团化办学，依托"一三五"管理模式，确立一套管理制度，成立三个职能部门，通过五大行动路径，条块相符协调推进学校内涵发展，"一站式""走动式"管理成为有效抓手；同时依托教代会、工会等组织实行民主管理，激发师生的主人翁责任感，共同建设学校。开放办学，让家长走进学校成为志愿者、教育者、管理者，甚至决策者。广泛吸纳社会资源，"笼式足球场""种植体验园"、自成一体的家长开放活动都是发掘社会资源的结果，为学生的绿色成长提供了良好的环境。2012年，学校因为此项目成为"北京市百所特色学校"之一。

深化课改，五育并举。深化课改的关键是课程的有效落地。树立"大的课堂观"，在校园的每个角落都悉心注入教育的元素，将钢琴、计算机、图书等全部开放，让孩子们触手可得，时时可学，处处能学。树立"大的课程观"，将德育活动、校园环境文化也纳入课程之中，建立了"绿色成长课程"体系。学校两次荣获"北京市基础教育课程建设先进单位"，先后四次承办市区级课程建设现场会，多次进行会议交流。翡翠城办学，得到了家长、社会和教育主管部门的积极肯定。学生的整体素质在国家义务教育均衡督导评估中得到专家的一致好评。他们德、智、体、美、劳五育并举，在全国、市区级科技、艺术、体育等各种比赛屡摘桂冠；童话舞剧"绿野仙踪之神奇翡翠城"在市、区内多次公演，一度引起轰动。学校成为北京市金帆舞蹈学校、金帆书画院分校，以"二金"跃居北京市艺术教育前列。

塑德练能，提升队伍。针对教师的职业特点，鼓励教师自主发展。教师群策群力、共同研究制定《翡翠城教师公约》，使大家的共同约定制度化，变"要我这样做"为"我要这样做"；搭建"一基两翼多维"的教师专业发展框架，使每位教师各得其所，在现有基础上都能够有提升点；"以课例为载体的团队成长模式"成为区域内首创；在校内先后成立了14个学科工作坊和7个班主任工作坊，鼓励教师自己设计、规划、管理；支持教师先后成立了古筝、茶艺、瑜伽、书法等十多个社团，各美其美。教师队伍从建校之初的16人，到如今的180人，市区级学科带头人、骨干教师由建校时的13%发展到现在的31%，从没有一个做过课题到现在有7位独立承担市区级课题，教师成长迅速。

三、辐射

2017年至今，学校基本上是一边深耕绿色成长文化，一边辐射带动区域教育的发展，让绿色成长文化走出大兴区，走出北京市，走向了全中国。翡翠城的孩子学得轻松、学得快乐、爱好广泛、充满自信；翡翠城的教师积极向上、充满爱心、极富团队精神；学校干群关系融洽，领导班子的满意度高。因为绿色成长文化的鲜明特色，学校获得北京市首批校园文化示范校，北京市三八红旗集体，北京市党建示范点，全国教育系统先进集体。

2012年，学校在建校第四年于本区又办一所分校，开始进行自身的资源拓生，经历过几年的发展，目前一校三址办学，有六十一个教学班级，两千多名学生，极大扩充了办学规模。2018年率先在区内成立翡翠城教育集团，又牵手区内两所学校协同发展，开始向本区其他学校辐射；在区外，通过教育部领航工程张文凤校长工作室，辐射带动11所北京市远郊区学校的发展，同时又响应教育部号召，选派教师到四川凉山州扶贫支教，助力教育均衡发展。这些年里，接待了来自国内外兄弟校前来参观与培训近万人次。定期安排骨干教师到基础薄弱校送课，建立教师互访制度，实现校际间的经验交流与优质资源共享。学校的事迹先后在《中国教育电视台》《北京电视台》《参考消息》等媒体进行专题报道。

"长风破浪会有时，直挂云帆济沧海"，"绿色成长"文化历经三个阶段的孕育、生长与发展，不断焕发出了勃勃生机，正在扬帆远航！

教育纵贯线

我与绿色成长文化的今世前生

我1989年毕业于北京市大兴师范中等学校，做了七年班主任后，开始从事学校管理工作。从农村完小校长，到九年一贯制小学部校长，再到城区校长，转眼二十几个春秋。在做校长的20年间，我走过四所学校，且做且思、且思且做，逐渐走向成熟。现在想来，"绿色成长教育"虽然是我到翡翠城之后提出的，但它的形成却经历了相当长的一段时间。可以说，它是从长期的办学实践中逐渐"长"出来的一种理念。

一、萌芽——关注教学组织形式的变革

我做校长的第一所学校，是一所农村完小，100来个孩子，14位教师。我就像一个刚拿到驾照的司机，兴奋、新奇，手忙脚乱、歪歪斜斜地上路了。我们力求使校园、教室突出"家"的氛围，让学生有家的感觉，在各年级学生充分讨论的基础上，从班牌上改换了名称，将原来的一至六年级分别改为"小蜜蜂""向阳花""蝌蚪""蓓蕾""北极星""百灵"这些名称，教室内的墙壁根据班名由学生自己进行了精心的设计，如五年级"百灵"班，他们的壁画是由四只小脚丫组成，每只小脚丫代表一个学习小组，每组同学的照片都贴在脚心，表明每组同学都团结一心，表达着他们从小做事都脚踏实地，一步一个脚印地向前走。我们除了装置传统的前后黑板外，还增加了侧面黑板和展示板，突出了学生的实践活动，为他们的课内外活动开辟了空间。那是学生自己的天地，他们可以画画、贴手工绘画作品、写诗歌、上板演课等，为的是让全体学生平等参与教学活动，就近找到自己的活动位置，感受成功。

当时国家教育改革的号角刚刚吹响，我便带着老师们穷尽所有智慧，进行小班化教学实验。没有资金，就自己动手改变环境；凭着感觉，转变教学组织形式，将桌椅由以往的"秧田式"变成"品字形""半圆形""口字形""星点形"；教室侧面的黑板和展示板，供孩子们尽情地写画、演练；在课堂上给孩子宽松平等的学习环境，鼓励学生发表自己的见解，允许他们有不规范的举动，允许他们有不着边际的表达，允许他们有不清晰、不准确和不统一的答案。这些变革，在2000年封闭的农村不亚于扔进了一枚炸弹。它打破了校园的沉寂，使孩子们变得自信，不再羞涩；教师也迅速成长，短短几年，这个偏远的小学竟然出了三名区级学科带头人。这种教学组织形式的变革，让我对办学充满了自信与憧憬。当时，我只是直观地觉得孩子们的学校生活不应该是封闭、单调、呆板的，而应该是自由、自主、丰富的。也许，这就是"绿色成长教育"的萌芽吧。

二、发展——关注学生成长空间的拓展

我做校长的第三所学校是一所劳教系统的打工子弟学校。2004 年，在国家有关三级课程改革的呼唤下，我逐渐意识到课程作为学生生命成长的"主营养"的重要性。于是，我带领教师们以更好地服务于学生的发展为宗旨，开始尝试课程之变。我们历时一年，编写了我校的第一本校本教材；可喜的是，这本教材后来也成为我区的第一本区本教材。我们以这套教材为蓝本，整合部分国家课程，邀请家长与社会人士共同参与，组织学生以主题单元课程的形式，开展每周半日的实践活动。孩子们的成长空间一下子变大了。这种深层次的变革使孩子们的学习与成长更加贴近生活、更加自主，也更加符合规律。当时，我更多地阅读了陶行知和杜威的著作，我越看越觉得，孩子们只在象牙塔一样的课堂里成长是远远不够的，只有源于生活、在生活中学习，他们的成长脚步才能更加坚实。这一时期，我的视野更加开阔，眼光不再仅仅盯在课堂上，而是开始关注影响孩子成长的多种要素，特别是关注学生成长空间的拓展，这使我对"绿色成长教育"的认识又深入了一层。

三、确立——关注学生生命成长的整体质量

记得做班主任的那七年，我坚定地认为，一个优秀的教师最重要的就是给学生一个好成绩。当年的学生现在都已成家立业，他们经常带着爱人、孩子到我家做客，说实话，看到他们的现在，我当时的想法开始动摇：学习成绩的优劣对孩子们的人生并没有起决定性的作用。当时觉得学习成绩是天大的事儿，但若干年后我才发现，它只是孩子们人生中的一瞬与一隅。我陷入了深深的思考中：作为一名小学教育工作者，我们给孩子什么，才能对他的一生有所助益？我的答案是：只有关注学生生命成长的整体质量、助力学生综合素质的提升，我们才能为学生的未来发展提供无限的可能性，使他们真正具备可持续发展的能力。这一阶段我的提升在于，对"以生为本"的内涵有了更深的理解；开始俯下身子，倾听孩子们的声音，并以他们的成长需求为基点，进行日常管理、规划学校发展。以这样的"思与行"为基础，我最终确立了自己的"绿色成长教育"理念。

综上所述，"绿色成长"文化的形成是一个由朦胧走向清晰、由感性上升到理性，横向上不断丰富、纵向上不断深入的过程。对我而言，它是从自己的实践与思考中"生长"出来的，因此，有"根"、有"源"，不可撼动。

第二章

『绿色成长』的思想内涵

一般来讲，学校核心价值观是有关学校核心价值或基础价值的一整套看法或观念，它是从多样的学校价值观中抽取的带有基础性的或能够为不同价值主体共同选择的价值目标。……简而言之，学校核心价值观从性质上说不是一种个体的核心价值观，而是一种组织的核心价值观。它要激励、维系和约束的并不是学校中哪一个个体或哪一类个体的行为，而是学校中所有成员的行为，是对学校中所有成员行为的期待、要求和规范。

——石中英 [1]

文化的创生并不始于概念的提炼，甚至也不始于思想的演进，而是始于行为的积淀。只有实实在在行动起来，将一言一行、一事一物落到实处，使之产生积极的影响，从而将主观与客观有机结合起来，才能促进文化的萌芽和生长。不过，文化一旦萌芽和生长，就会不只是体现在行为层面，而会经由行为的累积，衍生出概念和思想的形式，使之变得更加清晰和可传播。学校文化亦是如此。它并非始于一个概念的提炼，但是一旦被提炼成概念，就表明该文化已经萌生并产生积极影响了。

翡翠城"绿色成长"文化以"绿色成长"这一概念为核心。如上一章所述，"绿色成长"这个概念的诞生虽然很具戏剧性，但它实际上并非凭空而来，而是汇聚翡翠城人对教育、对学校的多年思索，汇聚了我二十几年来对育人和办学的许多理解。因此，在实践上，这个概念具有丰富的现实内涵；而在理论上，它同样有所本，是对古今中外许多教育思想学习和借鉴的结果。在本章中，我们将针对"绿色成长"这一价值理念，在理论与实践的场域内不断的追问和思考，使读者不仅要知其然还要知其所以然。

---

[1]　石中英. 论学校核心价值观及其形成 [J]. 复印报刊资料，2009，000(002)：14-17.

第一节　"绿色成长"的基本内涵

我们提出"绿色成长"这个词，是为了概括我们对学生成长本质和发展方向的理解，也是为推动学校实现办学目标提供指针。它虽通俗易懂，却意蕴丰富，凝聚了这些年来我们在办学实践中所有的感悟和思考。

一、"绿色"与"成长"

"绿色成长"由"绿色"和"成长"两个概念组成，既表示作为目标和内容的"绿色的成长"，也表示作为过程和方法的"绿色地成长"。概括而言，它是指一种更好、更完善、更理想的成长形态。而要理解什么是"更好、更完善、更理想"，首先就要从"绿色"和"成长"两个特定概念中去分析。

所谓"绿色"，原本是指一种颜色，尤其是指植物最具代表性的一种色彩。当植物蓬勃生长的时候，它们往往会呈现出郁郁葱葱的绿色来。因而，绿色后来被人类用以指代生机、活力、春天、自然等多种具有积极意义的内涵。所谓"春风又绿江南岸"，就是一个最典型的例子，一个"绿"字，就将春天、万物复苏、生机盎然的意境表现出来。从19世纪生态学兴起之后，绿色逐渐成为健康、和谐、与环境协调、可持续发展的代名词，进一步扩充了自身的内涵。例如，我们常说"绿色食品""绿色出行"就是这个含义。然而，"绿色"一词还不仅仅指称生态学的自然意义和农业、制造业等生产意义。随着人们普遍接受"绿色有机是更好"的价值观念，人们进一步将"绿色"的内涵扩大，用以指称社会生活乃至于精神世界里那些更好、更完善、更理想的东西，如"绿色汇率""绿色歌曲""绿色消费"等，而教育领域所出现的"绿色教育"一词，就具有这样的内涵。

所谓"成长"，原本泛指生命的发展和成熟，既包括动物，也包括植物和其他微生物。但是，人们使用"成长"一词一般专指人的生命成长。以往，人们谈到生命成长，往往是指生物学上的成长，即身体器官的发育和成熟。自从19世纪生命哲学兴起之后，人们越来越认识到，身体的发育、成熟、衰老不过是人的"器官生命",远远不足以代表人的生命的丰富内容。人还有情感生命、知识生命、道德生命、审美生命等多方面的生命内容。例如,所谓"有的人活着 / 他已经死了 / 有的人死了 / 他还活着",就是指人的器官生命与价值生命并不一致。因而,只有尊重和呵护生命本身,将其视为一个丰满的整体和动态的过程,并推动生命各个层面健康、和谐、长远地发展,才能真正认识到"成长"的深刻内容。

二、"绿色成长"

"绿色成长"是建立在上述"绿色"观和"成长"观基础之上的概念,是指以一种绿色的方式推动生命的丰满成长,追求生命成长的最佳形态。这里所谓的"绿色方式""最佳生命形态"是我们立足于学校发展的实际情况、师生特点以及我们所处的教育和社会"大生态"而言的。细细说来,我们所理解的"绿色成长"包含以下八层含义:

第一,它提倡尊重生命本真,倡导呵护生命的本来状态,因而是一种自然的成长,是反对违背生命规律而使之异化的成长理念。孩子是一粒种子,生来就已经具备各种可能性,我们的职责就是去发现这些可能性,顺木之天,因势利导,在因材施教中"因材"是根本,是"施教"的出发点。"材"就像自然资源,他们通常埋得很深,我们必须去寻找他们,并创造适合他们自我发展的环境。

第二,它提倡尊重生命意志,尊重每一个人的主观意愿和客观能力,因而是一种自主的成长,是反对强制和压迫的成长理念。教育家陶行知说,最好的教育是教学生自己做自己的先生,我想这种从自我教育的角度出发进行的教育才是真正的教育。孩子的内在潜能一旦得以激发,他们的后续发展将不可估量。我们的教育目的是什么?为的是让他们能够自我教育、自主成长,这也是"绿色成长"文化的主旨所在,大胆放手,适当点拨,让孩子们在自我经历中去感悟、去收获。

第三,它提倡尊重生命的整体,倡导从德、智、体、美、劳五个方面推动生命成长,因而是一种全面的成长,是反对局限于某一方面或某几方面的成长理念。现行的分科教学、德育与教学的分别评价把孩子们撕成了一个个的碎片,使孩子们不能完整地认识自己,找不到发展的坐标,因此不能实现整体的成长。孩子作为一个完整的人,他的成长不单纯是知识的累积叠加,而是整体的提升,加之知识本身也是一个有机整体,因而教育必须联系学生的各种生活体验,将他们的社会体验、自身经验与知识相结合,使其内化为一种健全人格的建构,这才是学生的真正发展。

第四,它提倡促进生命的内在和谐,倡导推进生命在身心等方面的有机统一,因而是一种和谐的成长,是反对造成身心失调、德智脱节的成长理念。苏霍姆林斯基说,儿童不仅应当为日后的学习做准备,还应当过一种丰富的精神生活,而不只是为明天掌握知识做准备。在这里,知识不是囤积在孩子脑子里的"货物",他是用来解决实际问题的。而平时我们对学生评价却是这样的:谁能把知识贮藏在记忆里,一旦教师要求,立刻就能把它倒出来,那么这个学生就被认为是有能力、有知识的。这些脱节、失衡的评价害了多少孩子!

第五,它提倡从长远的眼光推动生命的发展,倡导推进生命各个阶段的连续发展,因而是一种可持续的成长,是反对不可持续、目光短浅的成长理念。我们应该运用增值性评价让孩子自己和自己比,让每个孩子找到自己的生长点,各美其美,美美与共。对于一些特殊的孩子,我们要怀着一份耐心静待花开,努力去唤醒每一颗沉睡的种子。我们的小学教育眼光应不仅在六年的学校生活,更要关注孩子的未来,能够为孩子的可持续发展创造机会、培养能力。

第六,它提倡促进生命的适应性,倡导引导不同个体融入社会,因而是一种共生的成长,是反对缺乏适应性、无视他人他物的成长理念。"独学无友则孤陋寡闻",集体的教育作用是显而易见的。人如果离开坐标就找不到自己的位置,定义自己的不是自己,而要在社会关系中才能定义自己。孩子们进入学校学习,就是社会化的开始,他们在班集体中学会与人交往,形成价值观。孩子们感到孤独、迷茫,都是因为社会关系被毁掉了,他在集体中找不到自己的位置。苏霍姆林斯基说,只有当教育者时刻关心这条大河流域没有一支溪流干枯、腐败和发臭,那时候集体才能成为人的精神、人的个性的一湾活水。黑格尔认为,个体必须与整体相联系,因为只有在整体关系的情境中,才能发现单一个体的真正意义。

第七,它提倡充分尊重生命的文化属性,倡导从文化的独特性和多样性来包容生命,因而是一种具有人文精神的成长,是反对文化自大和歧视的成长理念。就像每一个生物都从属于某一个生态圈一样,每一个人也从属于某一个"文化圈",特定的"文化圈"赋予人们特定的文化属性。一个人逐渐成长的过程,实际上也是他的文化属性逐渐稳定的过程。当然,伴随着人的生活和活动的扩大，尤其是全球化的加剧，人们又不可避免要面对其他"文化圈"、其他文化属性的挑战。因而，良好教育应该引导人们既尊重他人的文化属性，又形成文化包容的心胸，建立正确的文化交往观念。

第八，它提倡彰显生命的道德境界，倡导从修养德行角度提升生命的境界，因而是一种具有终极关怀的成长，是反对沉溺于利害和物欲的成长理念。如今的时代是一个急功近利的时代，社会上弥漫着浮躁势利的情绪，许多家长和孩子只是把学习当成获取本领和回报的手段，而忽略了它扩展生命格局、提升人生境界的意义。所以北京大学著名学者钱理群教授会感慨中国教育培养了那么多的"精致利己主义者"。长此以往，教育就在"俗化"的道路上越走越远。正是有鉴于此，十八大以来党和国家把"立德树人"确定为教育的根本任务，就是在汲取古代"重德"传统的基础上引导教育回归"育人"、回归"立德"的初衷，从提升道德境界的角度扩充育人的内涵。我们要努力构建德、智、体、美、劳全面培养的教育体系，把立德树人融入思想道德教育、文化知识教育、社会实践教育各环节。通过我们的努力，让学生打好人生底色，扣好人生第一颗纽扣。

综上可见，"绿色成长"是具有自然、自主、全面、和谐、可持续、共生、人文、立德等八层内涵的成长。具有这样八个特征的成长，才是我们所理解的"更好、更完善、更理想"的成长，即"绿色的成长"。

三、"绿色成长教育"与"绿色成长文化"

当我们将"绿色成长"与"教育"联系起来，将"绿色成长"的内涵作为教育教学活动和学校办学的指导思想和价值依据时，"绿色成长教育"就产生了。

所谓"绿色成长教育"，就是以"绿色成长"理念为灵魂和核心的一种教育生态。这一生态的特点是，在教育的过程中关注师生的生命成长，并促使他们的成长呈现出自然、自主、全面、和谐、可持续、共生、人文色彩、终极关怀的"绿色"形态。具体而言，在教育目标上，它主张将学生和教师的完善成长作为内容，特别强调从丰盈生命的角度来推动师生的发展；在教育方法上，它以自然和谐、自主快乐、全面可持续为内容，强调以一种生态学的、生活化的方式来开展教育活动，真正把握教育的规律。而当"绿色成长教育"生态逐渐稳定和成型时，"绿色成长文化"就诞生了。

我们认为，"绿色成长文化"是这样一种稳定的教育生态：学校就应当像童话中的翡翠城堡那样，成为开启学生梦想的地方；同时，学生在精心安排的教育教学活动中自然地成长，自主地成长，全面地成长，和谐地成长，可持续地成长，共生地成长，并积淀了人文底蕴和终极关怀，从而为实现梦想和人生幸福奠定了坚实基础；并且，教师在这里从容地学习，愉快地工作，舒心地生活，从而获得一段美好的生命旅途；最后，学校通过创造和积淀健康地发展，扎实地壮大，形成鲜明的办学特色，成长为一个充满生机与活力的乐园。

总之，"绿色成长"是一个内涵式的办学理念，它建立在"绿色教育""自主教育""生命教育"等教育理念之上而又与之不同，是与翡翠城学校的校情、师情、生情和育人追求紧密结合在一起的，是与学校自创办以来十几年的办学实践和育人探索紧密结合在一起的。

教育纵贯线

我们应该教给孩童什么？

有幸走进了凯瑞的幼儿园，那是一栋别墅楼，有三层。我们来这里是经过预约的，尽管如此，我们还是等了很长时间，莉娜说，我们进孩子的活动室只能一个一个进，因为人进多了就会打扰孩子们的正常活动。联想到我们的学校，如果有客人来，我们首先考虑的可能是客人们的方便与否，对于孩子们的感受可能考虑得很少。"以生为本"应该是从一些实实在在的小事中体现出来的才对呀！

进到孩子们的活动室，我坐在角落里一把指定的椅子上左右环顾着，为数不多的十几个孩子，有的在小厨房里做蛋糕；有的在老师指导下闭眼触摸物体，感受形状；有的在上常规课；有的在画画；有个漂亮的小男孩画完画把椅子放好，就一直在我身边转，不时看看我搭讪两句。他们各行其是，非常安静有序，谁也不打扰谁。不久我就发现在一个角落里，一个小男孩一直在笨拙地用工具打扫地上的粉末，有一段时间了，他不说话一直在做，老师也不理他，我感到很奇怪，因为进来前，莉娜说不能走动，我就把老师招呼过来，小声问他怎么回事。他告诉我昨天放学前这个小男孩把粉末碰撒了，没有打扫完就放学了，今天早上来了后要继续打扫完才能参与大家的活动，因为这是他该负的责任。

出于好奇我悄悄地来到小厨房门口，坐在门边的椅子上，看到他们穿戴整齐，俨然一个个小厨师，有条不紊地做自己的事情，有的磕鸡蛋，有的在模子里刷油，有的清洗用具，看着他们优雅地做着这些，我几乎忘了他们是才三五岁的孩子。我正看得入神，那个漂亮的小男孩提着一桶水从我身边走过，他投入地蹲在那里用手在桶里摸着什么，我欠着身子想看他从桶里能拿出什么，这时他抬起头正好和我的眼神相碰，他立刻跑过来认真地悄声说："别害怕，有我在。"看到我好像没听清，他放大了一些声音又重复了一遍。我恍然大悟，他一定把我好奇的眼神看成了害怕。这就是一个三岁的小男孩！

责任感是靠从小一点一点培养出来的，如果不懂得尊重，不懂得承担，又何谈孝敬父母，服务人类呢？作为教师，我们在孩子的启蒙阶段该教给他们什么？这次幼儿园之行给我的触动很大，我们的学校教育、家庭教育缺了什么呢？

第二节 "绿色成长"的学理依据

21 世纪以来，随着基础教育改革的不断深入，各种办学新观念、新思路不断出现，有取经于国外的，有镜鉴于本土的，也有自出心裁、大胆创制的，种种新鲜的概念、名词纷至沓来。尽管盲目援用或自创概念有其弊端，但不可否认，这些做法和尝试给我们也带来很多启发。它至少启示我们：应当根据自身的实际提炼合适的办学理念。"绿色成长"作为我们最终确定的核心概念，正是在这样一个心理诉求之下进行提炼的。在提炼的过程中，我们既充分考虑学校的办学实践以及由此产生的各种心得感悟，也充分展开再学习，将眼光投向古今中外浩瀚的教育发展史，向那些彪炳史册的先哲，尤其是教育家、思想家和教育研究者取法。总结起来，"绿色成长"的提炼，参考和借鉴了如下一些教育思想和观念：

一、自然教育与生命教育

自然教育，是注重维护生命本真，反对外在束缚的教育思想。在我国，以老子为代表，他在"道法自然"的哲学基础上，主张"为道日益，为学日损"，追求达到"功成事遂，百姓皆谓我自然"的状态，其实质就是主张教育要尊重人的自然本真；在西方，以卢梭为代表，他在著名的《爱弥儿》一书中提出，教育的天职就是使人摆脱"文明的束缚"，释放天性，"归之自然"[2]，其主张虽然是从启蒙理性的视角出发，但同样也是主张尊重和维护人的本真。我们认为，生命的成长是基于自身规律和特点的成长，每个生命的成长起点和成长轨迹都是不同的，因而教育要正视生命的本然，要有"自然"的视角，"绿色"的成长应当是"自然"的成长，应当吸纳自然教育思想的积极成分。

生命教育，是基于生命哲学而发展起来的教育理念，提倡教育正视生命的

---

[2] 侯耀先.卢梭的自然教育思想及其启示 [J]. 西北民族大学学报 (哲学社会科学版)，2006：66-69.

实际，引导受教育者珍惜生命、热爱生命和实现生命的价值。在西方，提倡生命教育的代表是美国学者杰·华特士，他在研究死亡教育的基础上提出了生命教育思想，提出教育应当帮助人们理解生命、尊重生活、活出生命的意义。在我国，生命教育传播甚广，其中最有影响的学者是华东师范大学的叶澜教授，她提出了教育要"直面人的生命、通过人的生命、为了人的生命质量的提高""教天地人事，育生命自觉"的著名观点，就是强调教育要尊重和孕育生命的整体[3]。我们认为，教育面对的是个体生命，是"以生命影响生命"的行为，既然如此，教育应当正视生命的整体，"绿色"的成长应当是全面的、和谐的成长，应当吸收生命教育思想的有益内容。

二、自主教育与生活教育

自主教育，即倡导激发学习者的自主性和主动性，反对过分干预的教育思想。在西方，自主教育的思想早在杜威实用主义教育思想中已经孕育，但正式将其提出的是美国著名人本主义心理学家卡尔·罗杰斯，他从人本主义心理学出发，提出了"以学习者为中心"的著名观点，主张教育应当鼓励学生自主学习并最终达到自我实现[4]。在我国，自主教育最著名的代表是现代著名教育家叶圣陶先生，他提出了"教是为了不教"的著名观点，强调教育要"授之以渔"，使学生获得自主学习的能力。我们认为，人是具有自由意志和主观能动性的高级生命，其成长必然要遵循他的意愿，激发他的主动性，因而教育要尊重人的主观性，要发挥其"自主"的力量，"绿色"的成长应当是"自主"的成长，应当吸纳自主教育思想的积极成分。

生活教育，倡导教育要对接社会和实际生活，强调在真实情境中培养学生。众所周知，生活教育理论成型于我国现代著名教育家陶行知的教育实践中，他提出了为人所熟知的"生活即教育""社会即学校""教学做合一""千教万教教人求真，千学万学学做真人"等观点，就是强调生活情境对于教育的重要性。当然，生活教育理论，还应追溯到陶行知的美国导师、著名哲学家和教育家杜威的实用主义教育思想，后者提出了"教育即生活""学校即社会""从做中

---

[3] 叶澜."生命·实践"教育的信条 [N]. 光明日报，2017-2-21(04).

[4] 化得福.论罗杰斯的人本主义教育思想 [J]. 兰州大学学报（社会科学版），2014(04)：152-155.

学"等著名观点,最早指出了生活应用、社会实用对教育的必要性[5]。我们认为,教育要面向生活,不能局限于"温室"或"象牙塔"之中,要使受教育者获得融入生活的应有能力,因而"绿色"的成长应当是"适应"的成长,应当吸收生活教育思想的积极成果。

三、生态教育与绿色教育、可持续教育

生态教育,倡导以生态学的视角和思维来处理教育问题,强调从关联性、协调性、整体性、可持续的角度推进教育的发展。这种教育观念,在西方可以追溯到 20 世纪上半叶所兴起的教育社会学,而正式提出则是在 70 年代,美国著名学者劳伦斯·克雷明正式提出了"教育生态学"的学说,指出要将教育视为一个有机的、复杂的、统一的系统,来认识其中存在的"一致与矛盾、平衡与不平衡、动态与发展"[6]。这种以生态学的思维认识教育的观点,极大地影响了此后生态教育在全球的发展。我们认为,毫无疑问教育也是一个独特的"生态系统",需要从联系的、全面的、发展的眼光来认识和把握,而"绿色"的成长肯定也是在良好生态系统中的成长,因而要吸收生态教育的理念。

绿色教育理念,是生态教育思想的一个具体体现,主要提倡在教育领域加强环境保护意识和能力的培养。在西方,人们一般称其为环境教育(environmental education)。1972 年,联合国在瑞典斯德哥尔摩召开人类环境大会,会后发布了《斯德哥尔摩宣言》,号召全人类人民行动起来;保护和改善环境。随后,在 1975 年、1977 年联合国又连续召开了以环境保护教育为主题的不同会议,发布了《贝尔格莱德宪章》和《第比利斯宪章》,从而使环保教育逐渐落实到全世界各地。这些会议和文件影响深远,对于环保观念的深入人心和环保教育深入学校发挥了巨大的作用。我们认为,如今人们早已接受和认同环境保护的基本理念,尽管"绿色成长"的内涵远不止于环境保护,但是无疑也应包含环保之义。

可持续教育理念,与绿色教育类似,也是生态教育的一个具体体现,也提倡加强环境保护教育,只不过是从可持续的视角着眼而已。1992 年,联合国在

---

[5] 李小丽.陶行知和杜威教育思想比较及其启示 [J].河南师范大学学报(哲学社会科学版),2012(03):256-259.

[6] 范国睿.劳伦斯·克雷明的教育生态学思想述评 [J].成都师范学院学报,1995(002):25-29.

巴西召开人类环境保护大会，会后发布《里约热内卢宣言》，号召教育应该关注可持续发展。1994年，联合国教科文组织启动环境、人口和可持续发展项目（EPD），以实际行动推动全球各地学校加入到可持续教育的行列中来。这些会议、文件和项目，进一步推动绿色教育、可持续发展教育走向深入。今天，可持续的理念已经深入人心，并且其内涵已经不局限于环境领域，而是扩展至社会和生活各领域，其中也包括教育领域，因而"绿色成长"肯定也是一种可持续的成长，要吸收可持续教育理念的内容。

四、弘文教育与崇德教育

弘文教育理念，所谓"弘文"，是注重继承弘扬文化传统，强调教育要以传承本民族的人文精神为使命。我国古代具有深厚的弘文精神，尤其是儒家学派，从孔子"文不在兹乎""任重而道远"开始，到孟子的"舍我其谁"，再到宋明儒的周敦颐、张载、"二程"、朱熹、陆九渊、王阳明等，都强调弘扬和传承民族的"道统"。21世纪以来，优秀传统文化的传承和弘扬不断受到党和国家以及社会各界的重视，逐渐进入国家文化战略，进入教育领域，成为全民的共识。我们认为，人的成长是无法脱离其文化根基的，生命的丰盈也必定包含文化的圆融，因而教育应当具有自觉的人文担当，"绿色"的成长应当是具有足够文化底蕴的成长，应当吸收传统的"弘文"理念。

崇德教育理念，所谓"崇德"，是指推崇德行的修养和超拔，强调教育要培养完善的德行，并从德行的角度引领人迈向更高的境界，引导人学会进行形而上的思考和形成终极的关怀。我国古代具有悠久的崇德传统，不管是儒家还是道家，以及后来的佛家，其理论学说都是引导人们从修养德行入手，追求更高的人生境界。十八大以来，"立德树人"成为教育的根本任务，就是在弘扬传统崇德教育理念的基础上，结合培养中华民族伟大复兴新时代人才的需要而提出的。我们认为，人的成长既需要有健康体魄、全面能力和综合素质，也需要高远的境界、终极的关怀，而这正是从"德行"的角度加以开拓的，因而教育必然要重视崇德的理念，"绿色"的成长要继承"重德"的传统和贯彻落实"立德树人"的要求。

综上所述，"绿色成长"文化不是凭空而来的，不是无源之水、无本之木，而是在参考和借鉴古今中外多种教育思想、教育理念而形成的。从表面上看，它是出自对绿色教育、生态教育、可持续教育的转换；实际上，它的思考范围不限于此,它借助于"绿色"一词的比喻空间,同时也循着生命成长的向上轨迹,将自然教育、自主教育、全面教育等普适性理念以及和谐、弘文、重德等本土性理念吸收进来,从而形成一个适合翡翠城的特定而又丰富的教育理念。

教育纵贯线

《教育的哲学基础》摘录与反思

美国学者奥兹门和克莱威尔合著的《教育的哲学基础》出版于 2006 年,由石中英教授翻译,多次再版。书中以人物为线索,介绍了历史上主要的哲学观点及其发展脉络以及对于教育产生的影响。

一、关于课程

各个哲学流派的观点不同,他们对于课程的认识也不尽相同。但是我觉得"教育者必须意识到,课程总是反映占主导地位的实在论,教育中所重视的内容总是反映当下有关世界的性质和目的的观念。"[7] 我们要不断地思考"课程应该包括哪些内容"。要回答这个问题,就要思考学生的本性:"一个人应该学习什么样的内容?学习的价值是什么?";就要思考应该如何组织课程以及思考组织课程的基本原理。这些都需要理性的推理。前几年有一股学校开发校本课程热,好像学校没有自己的校本课程就不能进入优质学校的行列。"这个课程的内容适合孩子吗?""这个课程与国家课程的关系是怎样的?""这个课程与学校的办学特色有什么联系?""这个课程的评估与监控到位吗?"我的学校也在这股浪潮中开发了一系列的校本课程,我们在开发的时候就没有认真思考过课程背后的这些哲学问题,读完这本书,我就和老师们把建校十年间所研发的十余本教材都拿出来,进行了一次整体的梳理,并对课程框架顶层设计进行了一次理性的反思。

二、关于教育目的

整体与个体。离开坐标你就找不到自己的位置,社会关系是自己的定义者,自我实现是把和大家的关系提升到一定高度。社会关系中断的人对生活无望。要把关系纳入教育目的中,之所以迷惘、孤独,都是因为毁掉了社会关系。目的清楚了,要在个体与团体,规则与自由之间找到平衡点。简塔利说:自我实

[7] 奥兹门,克莱威尔.教育的哲学基础 [M].石中英、邓敏娜,等译.北京:中国轻工业出版社,2006:3.

现是教育的最终目的。黑格尔认为，个体必须与整体相联系，因为只有在整体关系的情境中，才能发现单一个体的真正意义，只有服务于国家，个体才能发现他们的真正意义，为了达到对自身的真正理解，一个人必须把自己与存在的整体联系起来，与宇宙联系起来。我理解就是要做大教育。教育应该鼓励学生具有"不断完善的愿望"，推动他们在教育活动中朝着理想的典范进行自我塑造——这是一项需要毕生的努力才能够完成的任务。个体自我只是一个部分，并且只有在一个较大的情境中才有意义。广泛地阅读美德并不能让一个人变好，如果我们忽视了对学生情感和社会需要的关注，我们就不可能培养出完整的人。学校教育要避免官僚性质，通过要求人们遵从现存的社会标准和价值观念来施加社会化的压力，避免在学校知识和课程上的极权主义。一个真实的自我实现的人会说："我关注自己的感受，也关注你的需要"，也就是尊重自己，也富有同情心。特别是最近我读的美国批判性思维大师保罗所写的《批判性思维工具》这本书，让我更加清晰地认识到了这一点，以自我为中心和以社会为中心的思维定式，都会让我们失去自我，远离真相，这对于教育很可怕。我觉得应该在集体规则与个性自主之间找到一个平衡点，这才是教育和管理的最佳境界。

秩序与天性。学生的品格发展就是作为学习者的遵从与屈服。哈里斯说，教给学生的第一条规则就是秩序，必须教会学生服从通常的标准，要阻止与学校功能相冲突的所有事情发生。比如，预习课文、按铃声上下课、学习安静和整洁的习惯等，这种品格训练也许能够维护教育和社会的稳定，但他确实是以牺牲创造性和自我指导为代价的。康德在《论教育》中说："如果儿童做了坏事就受到惩罚，做了好事就得到表扬，那么，他就会仅仅为了得到奖赏而做好事。以后，当他进入一个没有奖惩的世界——做好事没有奖赏，做坏事也无惩罚时，他就会变得只关心自己在世上过得怎么样，行善或作恶完全取决于哪一种行为对他最有好处，准则必须从人自身出发确立起来，在道德塑造中，人们应该尽早向儿童灌输好和坏的观念，如果想要确立道德，那么就一定不能依靠惩罚。道德是极其神圣和崇高的，人们不能把他降格到规则的层次上。"[8] 我感觉我们的教育应该在秩序与天性中找到一个平衡点，秩序是保障，给孩子的心灵以自由，通过管理、课程、教学方法最大量地释放孩子的天性，不压抑他们的生长，

---

[8] 奥兹门，克莱威尔.教育的哲学基础[M].石中英，邓敏娜，等译.北京：中国轻工业出版社，2006：43.

不把让孩子害怕作为教育的手段与目的。

理论与实践。理念论哲学家强调的一个主要思想就是哲学对真理的追寻。在柏拉图看来，哲学的智慧或者真正的理念是教育的最高目的，在任何情况下，理念论者都更多地强调对非物质和抽象领域的学习，而更少强调对物质及具体领域的学习，重要的事情是获得真理。我们处理当代问题的失败，根本不是由于缺乏事实，而是缺乏对与伟大而包容的思想有关的事实的运用。但是获得真理以后呢？更为重要的是如何把这些真理反馈于社会生活，更好地指导自身成长。做教育更应该尊重规律，依循真理去实践，否则代价极其惨重，因为我们面对的是一个个的生命，他们的成长具有不可逆性。

三、关于教育方法

实在论者认为，学习不是痛苦的或令人厌烦的过程，事实上，他们主张学习应该是有趣且有用的。洛克认为玩对学习有明显的帮助，"应该给予儿童肯定性的奖励来鼓励他们进一步的学习，同时，教师绝不能强迫儿童去做超出他们自然的爱好的事情。从许多方面来说，洛克都是现代教育理论的先锋。他指出不要超出儿童能力和预备去催促儿童。他对一个儿童的自然倾向的认识与现代关于儿童生长与发展的主要观点是非常相似的。"[9] 遵从天性，让孩子在好奇与享受中完成学习，这才是我们做教育特别是基础教育应该去努力探索与实践的。

整体式的学习方法将带给人们更为自由的学习态度。一些实用主义哲学家主张，教师和学生要明白所有的知识都是相关联的，通过发展一种跨学科的方法，使学生理解事情是怎样联系起来的，学生可以选择一个领域集中于一个单元学习。直觉法、研讨法、对话、模仿、辩论、演讲、图书研究、投影等等方法都是为了顺应儿童的接受能力，所有的教育都是自我教育。教师必须认识到，当学习出现的时候，他们不能总是在场，并且应该努力去试着刺激学生，以便当教师不在的时候，学生也能继续学习。自我教育、自主发展，是办学的一种理想状态，也是我从事教育几十年的不懈追寻。

存在主义认为，教育应该具有多样性，这种多样性不仅存在于课程当中，也存在于教学方式当中。应该为学生提供很多选择学习方式的机会。斯金纳在

---

[9] 奥兹门，克莱威尔.教育的哲学基础 [M].石中英，邓敏娜，等译.北京：中国轻工业出版社，2006：70.

《超越自由与尊严》中说："在学生获取新的行为方式的过程中，教师应给予他们多大限度的帮助，这是一个很微妙的问题。正如夸美纽斯所说，教师教得越多，学生反而学得越少。我们既不希望别人告诉我们那些我们现在就知道的东西，也不希望别人告诉我们那些我们永远也不能很好掌握的东西。"[10] 就像孔子所倡导的因材施教，因势利导，我觉得是最好的教学方法。教师能否要狠心退出来，能否把学习的主动权还给孩子，这是现在课堂面临的最大问题，我们后面几年会致力于这方面的研究。

[10] 奥兹门，克莱威尔.教育的哲学基础 [M].石中英，邓敏娜，等译.北京：中国轻工业出版社，2006：225.

第三节 "绿色成长"的现实意义

"绿色成长"作为一个具有丰富内涵和坚实学理基础的教育理念，一经提出并被运用于教育教学，就为我们的办学指明了发展方向，为学校的教学管理和全体师生的学习生活提供了明晰的价值依据。它就像清晨时分的一道明亮光束，投射在初生的大地上，从此万物生辉，天地同流，生命一派生机。在实践过程中我们发现，"绿色成长"还具有更深广的现实意义：它不仅是翡翠城人的价值指针，而且对于当前我国小学生的健康成长，对于小学教育的改革和发展，对于全社会教育生态的完善都具有明显的启发性和指导意义。换言之，"绿色成长"不只是一所学校、一群孩子的"绿色成长"，而是更多学校、更多人群的"绿色成长"。

一、孩子的"绿色成长"

所有的少年儿童都值得拥有更"绿色"的成长。我们所面对的学生，正处于人生的童年、少年阶段。人在这两个阶段的转变是迅速而巨大的，它的成长意义不可估量！叶圣陶先生说教育是农业，而这一时期的教育正像是最初的播种，此时播下的是禾苗还是草种，就决定了他日收获的是粮食还是稗草。童年、少年时期对一个人成长的奠基意义，是不容忽视的。

然而，就当前他们所处的环境和教育现状而言，他们获得足够健康、足够理想、足够完善的成长了吗？在家庭之内，他们虽然得到一份沉甸甸的爱，但这份爱缺乏足够的理性，而使他们变得任性、自我；在学校，应试教育如影随形，成绩压得他们喘不过气来，使他们的生活逐渐"变形"；在社会上，浮躁的现状、道德感的薄弱、精神信仰的缺失，也使他们的成长充满迷惘和困惑。在这样的成长环境中，孩子们并没有得到他们应当拥有的童年。童年应当是天真、无邪、自然、率性、快乐、无忧无虑的，应当是可以恣意地玩耍，可以异想天开，可以轻易地感到幸福的。但是，今天的家庭和学校给不了这一切，虽然人们在物质上很好地满足了孩子，但在心灵上却剥夺了孩子的快乐，强加给他们成人世界太多功利性的东西，使他们逐步丧失了童真和幸福感，使他们的童年趋于灰暗。这不是孩子想要的，本质上也不是我们成年人所希望的。

正是基于此，我们认为当前孩子们的"成长"问题应该得到重视，他们的"成长品质"应当得到提升。要提升他们的"成长品质"，"绿色成长"会是一个很好的观察视角和行动指引。很简单，"绿色"可以作为审视的标准：孩子成长的哪些方面是绿色的，哪些方面不是"绿色"而是"红色""紫色"甚至是"黑色"的，这样的颜色差别就能够指引人们去思考、去行动、去评价、去改进。"绿色成长"作为一种积极向上的成长理念，如果得到人们的认可和接纳，那么对于孩子们的幸福成长是意义非凡的。

二、学校的"绿色发展"

所有小学乃至所有学校也应当是"绿色发展"的学校。"绿色成长"本是针对翡翠城分校办学实际提出的办学理念，是我们综合翡翠城、《绿野仙踪》以及各种办学观念而提出的。但是，这一理念随着实践的验证和深化，已经不仅仅具有本校的意义，我想也可以为其他学校提升办学品质提供借鉴。

众所周知，进入 21 世纪以来，我国基础教育的改革不断迈向深入，教育经费的投入不断增加，教育观念的更新不断加速，教育新技术的革命也不断推进，这一切都促进了学校办学水平的不断提升。这是有目共睹的，但是，学校办学也存在诸多问题，如办学自主性没有得到应有尊重，受到的行政干扰太多，考试评价机制不够健全，教育教学任务安排不科学，社会压力过大，办学的效率和品质不够理想等等。显然，在政府的要求和老百姓的期望里，许多学校的办学现状还是"差强人意"，它们的发展显然不够理想、不够完善，因而还需要所有学校教育工作者继续加以努力。

在此大环境之下，"绿色成长"可以为学校提供一个"绿色发展"的视角。在欧美，20 世纪 90 年代以来曾兴起一股建设"绿色学校"的浪潮，受其影响，世纪之交我国也曾经开展"绿色学校"的创建和评选活动[11]。但此时所谓"绿色学校"，只是生态学和环境保护意义上的，而实际上，"绿色学校"可以拥有更加丰富的办学内涵。例如，在办学运行上，管理可以更科学和民主一些，

[11]　余清臣．绿色教育在中国：思想与行动 [J]．教育学报，2011，07(6)：73-76.

使学校管理者能够专注于教育教学，使他们的决策能够少受干扰；在教育教学上，可以更符合规律一些，更契合学校的办学条件和师生的实际需求；在考试评价上，可以更周全一些，更契合学生的成长需求和社会的实际需要，能够在统一性和灵活性上达成平衡等等。显然，能够让学校发展得更好、更完善的维度还有很多，它们都是"绿色发展"的题中应有之义。这就是"绿色成长"对于学校发展的积极意义。

三、社会的"绿色健康"

整个社会教育生态也应当是"绿色健康"的生态。在教育管理实践中，我们深切地感受到，学校不是孤立存在的，而只是社会大系统的一个单元，是社会大生态系统之中的一个小小的生态圈。因而，要实现学校和教师的"绿色发展"，要给予学生"绿色成长"，就不仅要在校内努力，而且需要在整个社会系统层面行动起来。只有社会大生态达到"绿色健康"，才能确保学校这个小生态圈得以"绿色发展"。

基于这一点，我们呼吁学校之外的社会各界充分认识各自在少年儿童"绿色成长"过程中所扮演的角色，并尽到自身职责，共同构建一个"绿色健康"的社会生态：首先是家长，应当提升家庭教育的意识和水平，以理性的爱、科学的方法和长远的眼光去教育孩子，创造一个更加健康的"绿色家庭"；其次是社区，应当不断创造和供给更加有益少年儿童成长的环境和资源，并与家庭和学校进行有效衔接，进而构建一个在环境、资源、精神生活等各个层面都更加健康的"绿色社区"；再次是各种社会机构，不管是公共机构还是私人机构，应当秉持一种更负责任的态度，充分发挥自身的公共教育职责，在项目运作、活动开展、课题研究等各方面更好地与学校和家庭对接起来，为少年儿童提供一个更加健康的"绿色社会"。

总之，"绿色成长"首先是一个教育指针，能够启发学校、家庭、社区以及所有参与教育的社会机构，围绕着"少年儿童更美好地成长"这一核心来审视自身行为，进而采取行动，更好地发挥应有的教育角色。我们都明白一个道理：要想让孩子更"绿色"地成长，首先我们自己要更"绿色"，即更健康、更完善。当然，如果循着这一方向继续思考，就会发现，其实何尝只有孩子需要"绿色成长"，每一个人、每一个生命、生命的每一个阶段都应该"绿色"地生存与发展。生命虽然短暂，但是却是一个永不停止的"向上运动"。因为作为人，我们都渴望幸福，渴望成功，渴望实现更高的人生境界。既然如此，我们就必须用"绿色"的眼光审视我们的生活，学会从更高品质的角度引领自己的人生。这就是"绿色成长"给每一个成年人所带来的启示。

教育纵贯线

从"看见"孩子到"发现"孩子

一个根雕艺术家去寻找树根之前，不会是构想好根雕形象后，再按图索骥，去找相似的树根，而是在找到树根之后，再依据树根的形状去雕塑。这告诉我们教育者，要创造适合学生发展的教育，而不是选择适合教育的学生。卢梭在《爱弥儿》中说，教育的影响必须与儿童的自然发展相一致。孩子们站在我们面前，我们非常容易看见的是群生像，但作为教育者，我们更应该善于透过表象看到更深层的东西，发现每个孩子的独一无二之处，挖掘出他们成长中蕴含的多种可能性的种子，顺势加以激发、引导、升华，让每个孩子都成长为最好的自己。

基于此，在北京小学翡翠城分校，我们坚持在教育的过程中关注学生的生命成长，并使其生命成长呈现出自然、自主、可持续的"绿色"形态。本着人人都能成功的学生观，在教育教学中时刻以欣赏的眼光看待学生的优点，以发展的眼光看待学生的缺点与不足，顺应孩子的天性，因势利导，发掘潜能，静听花开。

一、接纳：发现每个孩子的独特

死亡谷是美国最热、最干旱的地方，因没有生物能够生长而得名。2004年冬天，死亡谷短期内降雨180毫米。2005年春天，奇迹发生了，死亡谷开满了鲜花。这证明，死亡谷并没有死，它只是在沉睡，地底下其实埋了许多种子，在等待时机迸发而出。孩子的成长也是一样，如果我们给予他们足够的时间与机会，那么只要条件适合，他们的生命必然绽放。

我校有个男生，从入学起，他就表现出了一定的特殊性：书写很潦草，根本看不清楚；听讲不认真，注意力不能集中；语言交流存在障碍，一直生活在自己的世界里，医生给出的诊断是"轻微自闭症"。教过他的几任老师坦然接受他的"特殊"，无不给予他极大的耐心与期待——他字写不好，老师就手把手教他；他不和别人交流，师生们就主动和他聊天；他的小动作特别多，不能集中注意力，老师就发掘他的"内秀"，慢慢地，他的动手能力在同龄人中得以凸显。学校专门成立了"巧手翻绳坊"社团，让他任团长，他灵活多变的翻绳技艺让大家叹为观止。这个社团的孩子们在他的引领下，个个都成了小能手，社团被评为明星社团，在全区进行了展示。

在确定去欧洲游学的学生名单时，我们毫不犹豫地接受了他的申请。虽然学校可能因此要承担一定的风险——怕他不能自理、怕他走失，但我们认为，这次出访对他而言很难得，是一次离开家长，锻炼自我管理能力的机会。在整个出访过程中，我们不动声色地给予他更多的关注。虽然他经常丢三落四，但是他的懂事、大方、好脾气，让大家都非常愿意和他在一起。一天，他站在车下大口地啃面包，大家都以为他没有吃好早餐而关心地询问他，而他却认真地说："这个面包明天就过保质期了，我要把它吃掉，不能浪费，我包里还有两个呢。"他的憨劲儿让我们忍俊不禁，多可爱的孩子啊！

如今，他的字依然让人看不清，他也依然不愿和别人多交流，但是他的个性成长得到大家的认可与赞赏，他没有因自己有些另类而被人嘲笑，他在翡翠城里快乐、简单地成长着。

学校在做好群体教育的同时，更应该给这些特殊的个体以特别的关注。面向全体追根究底还是要落实到面向每一个个体，看见孩子们的共性容易，发现和尊重每个孩子的独特性却很难。这需要教育者的智慧与坚持。我们坚持家访制度，班主任和任课教师一起去孩子家中，了解孩子的生活状态，求得家长支持，与我们齐心协力、聚焦目标去解决问题。珍视每个生命个体，呵护每个生命的成长，这是我们"绿色成长"文化的本质追求！

二、顺应：发现每个孩子的未来

"橐驼非能使木寿且孳也，能顺木之天，以致其性焉尔。"这是柳宗元《种树郭橐驼传》中讲的种树的道理：树木移栽的时候要像养育子女一样精心细致，栽好后置于一旁，不要像把它丢弃一样，这样，树木的生长规律就可以不受破坏，树木就能按照它的本性自然生长。种树如此，育人又何尝不是这样呢？

生命都是五颜六色的，各有各的精彩。我们经常见到一些孩子从入学起，某个学科的学习就存在障碍，如有的孩子今天刚认识的汉字第二天就忘了，无论老师怎么给他们"吃偏饭"，情况依然不见好转。我校有一个男生，入学后数学就是学不好，每次考试都是十几分，家长为此十分苦恼，在经过反反复复地折腾后彻底丧失信心，"老师，您就别为孩子费心了，他也就这样了。"数学老师告诉家长："您千万别灰心，我们再努力努力。孩子这种情况不是智商问题，我们要相信他，再耐心地等一等。"年轻的数学老师每天和颜悦色地和孩子聊天，课余时间给了他很多学业上的帮助，孩子的数学成绩终于慢慢有了变化：一年级期末考试及格了，二年级期末考试居然考了96分。日复一日不曾退减对孩子的信任，日复一日对孩子的点拨帮助，终于创造了奇迹。孩子的父母对此非常感激，他们哭成了泪人儿，泣不成声，感激与感动溢于言表。如果当初老师也和家长一起放弃了呢？我们不敢想象这个孩子会有怎样的现在和将来。

每个孩子都是家庭的希望，每个小生命都有自己的精彩和灿烂。顺应每个孩子的成长节奏，让他在原有基础上有所提升，这是值得我们一生去努力完成的使命。

在办学过程中，我们逐渐形成了这样的共识：即使孩子存在某一方面的不足，我们也不要让他失去做人的自信；我们没有给他们什么，改变他们什么，就不要再从他们身上拿走一些可贵的东西了。自信，对于一个人的一生来说太重要了。一个人如果在小学阶段就失去了自信，那么他一生都将直不起腰身做人，这是多么可怕的事情！眼见孩子的现在容易，发现孩子的未来不易。教师应该给孩子一生受用的东西，而不是只看一时或一面。我们的评价从来不单纯地把孩子们的学业成绩和教师的绩效挂钩，为的就是引领教师们将精力更多地用在育人上。引领教师用发展的眼光看每个孩子，避免因为孩子的某一阶段或某一方面不出色而影响了孩子一生的发展！

三、欣赏：发现每个孩子的潜质

增值性评价起源于詹姆斯·科尔曼1966年向美国国会提交的《关于教育机会平等性的报告》，简称"科尔曼报告"。增值性评价将每个学生的当前成绩与过去成绩进行比较，关注学生的进步和成长。这一评价方法改变了已往将学生的学业成绩与平均值或任意制定的标准进行比较的做法，提醒学校和教师，要从纵向上关照每个学生的发展和进步。

我校有个小女孩，任性、骄纵、经常乱发脾气。她周围的同学都被她打过，教她的老师也无一幸免地被她打过，她的牙印在班主任老师的胳膊上留了很长时间。但只要冷静下来，她又特别懂理，自己会主动承认错误。后来，我们跟家长沟通得知，她在家最小，有两个哥哥，二哥比她大18岁，家里人都宠着她，从小有求必应，这使她习惯了我行我素。

在看到她这些问题的同时，我们也看到了她擅长画画、喜欢读书的特点。我们"主动出击"——选举她当班级文艺委员，让她有足够的发挥空间。她读二年级时，班主任老师提议让她为班级准备节目，以备元旦上台表演。她真的行动起来了，选演员、排练、服装、音乐、场景，经过两个多月的忙碌，童话剧《绿野仙踪》真的登上了学校元旦文艺表演的舞台。她的潜质得以最大地发掘，那一刻的她是骄傲的，也是懂事的，是个有模有样的小导演。读三年级的她偶尔还会情绪波动，但明显懂事了许多：在家里，她会帮助妈妈做家务；在学校，尽量避免和同学发生矛盾。三年的成长，让她找到了更好的自己。

我校全体教师从内心欣赏每个孩子，运用增值性评价让孩子自己和自己比。学校设置多种平台，让更多的孩子从中找到了自信，共同生活在阳光下。看见孩子的表层容易，激发孩子的深层可能、让每一个生命都能绽放精彩不易，但教育的美丽不恰恰就在于此吗？

四、解放：发现孩子自己

全美最佳教师雷夫在《第56号教室的奇迹》一书中写道："不管是教导学生还是子女，一定要时时从孩子的角度看事情，不要把让孩子害怕当成教育的捷径。"这话很经典。在现实的教育中，我们只是一味地让孩子们遵守规则，用各种方式限制他们，却没有耐心给他们讲解为什么要这样做，这样做的结果会怎样。这不仅难以让学生养成好习惯，而且极易使学生滋生"两面派"的性格：在学校里言行有礼，走出校门就换成另一个人。我们简单粗暴，学生回馈给我们的必定是"短期行为"。因此，在出台一个规则之后，我们不能简单地强制孩子们去做，而要在生活中强化孩子们的行为，促使孩子由他律向自律转化。

学生在公共场所大声喧哗、在课堂上回答问题或喊或让人无法听清，这是常见的问题。受香港一所学校的启发，我们制定了一个"声量指标"（共分四级），把它们张贴在教室内、体育馆里、楼道内，告诉孩子们在听讲、发言、小组讨论、楼道、操场等不同场合应该有的说话声音高度，并通过校园电视台、班会时间等进行播放演示。有人若做不到，大家就会伸出相应的指头告知。我们发现，这种做法效果很好。

其实，有时不是孩子们做不到，而是他们根本就不知道我们的要求是什么。什么叫"声音响亮"？他们认为大声喊就是响亮，可以不分场合地那样讲话；我们要求孩子不要"追跑打闹"，他们以为任何时候老实坐着不动就是好孩子。这实在是因为我们的教育太粗糙了，我们给的规范太笼统了，而孩子们需要的是切实可行的"分解动作"。

陶行知先生说，最好的教育是教学生自己做自己的先生。在没有人监管的情况下，孩子们依然做得很出色，这才是真正有了好习惯。在学校里，我们开放一切可以开放的物品，如图书、计算机、钢琴、画板、各种管乐器等，甚至将科技馆也搬到了楼道里，这增加了管理的难度，但却成为孩子们自我教育、自我约束的"良丹妙药"。将物品束之高阁使得管理变得容易，看管住孩子使孩子的行为不越位容易，而让孩子们发现自己、进行自我教育不易，但这恰恰是我们教育的重要目的之一。

子思在《中庸》开篇说："天命之谓性，率性之谓道，修道之谓教"；老子说："人法地，地法天，道法自然"，强调教育要崇尚自然，顺应儿童天性；杜威明确指出："如果只是放任儿童的兴趣，让他无休止地继续下去，那就没有'生长'，而'生长'并不是消极的结果。"这其中道出了教育在儿童生长中的影响与引领作用。一花一世界，学校里发生的每个教育故事，都深切地述说着"绿色成长"文化坚守的学生观：主张生命体的成长是内在生成的，教育必须在这个基础上对学生因势利导，激发他们内在的潜能，促进他们的发展。前者是一切教育活动的前提，后者体现出教育与管理的力量。这是从"看见"孩子到"发现"孩子艰难嬗变的必经通道。

第四章

"绿色成长"文化的构建与深化

学校文化的结构，从发展的意义上来说可以分为三个层面：第一个层面是认知载体，第二个层面是情感载体，第三个层面是环境载体。这三个层面的三种载体浑然一体，相互联系，互为作用，缺一不可。也就是说，学校文化表达的思想体系、内容品质、作用意义，与文化行校、文化育人、文化行政的人文精神，要在理念要素的思想建设中和价值取向的重构中，使精神的信仰与方法路径产生内涵一致的吻合，如此，才能适应社会的发展和创造出"为人民服务"的教育。

——王继华 [1]

在确定核心办学理念之后，学校文化建设的主要工作就是围绕着核心理念构建适合本校实际的文化体系。那么，如何把握学校文化的体系呢？显然，既然是体系，学校文化就不是单一的结构，而是复杂而独特的系统，包括多个层面多个领域的内容。从我的理解来看，要把握这一复杂系统，关键是要从它的独特性出发，找到认识和实践的具体维度。学校文化的独特性在哪里？在于它是基于教育者和受教育者而形成的组织文化类型。

从这一点出发，我们认为可以从以下四个维度来把握学校文化的系统：一是组织的维度，既然是组织，就需要具备相应目标、宗旨以及形象标识；二是人的维度，组织本质上是由人构成的，不同的构成人群就体现了不同组织的特点；三是事的维度，组织所从事的具体事情是什么，这与组织特点息息相关；四是条件的维度，组织做事须要依托一定的外在条件。抓住这四个维度，就能把握一个组织的基本特点，从而也就能够观察和分析该组织的文化结构特点。本章将基于这四个维度，介绍我们是如何构建翡翠城的"绿色成长"文化体系的。

---

[1]　王继华. 学校文化建设与校长文化修炼 [J]. 教育文化论坛，2015(03)：7-13.

第一节　组织的文化重塑

组织文化是指组织内全体成员所共同认可的价值目标、行为准则、使命愿景等一系列内容的总称。学校作为一种组织，一旦成立，就须要根据自身特点确立相应的组织文化内容。有一位诗人说过：思想走在行动之前，就像闪电走在雷鸣之前一样。学校只有确立明晰的组织文化，才能使全体教职工获得清晰的发展目标、行为准则和愿景使命，从而看清本组织的发展方向，从而积极参与到学校发展战略中，形成了与集体相一致的行动方式。我作为校长，从建设伊始，就开始琢磨翡翠城应该确立怎样的育人目标、办学目标、校训、发展愿景等，并带领团队进行若干轮次的提炼和研讨。经过了几年的努力，这些条目逐渐一一脱胎而成，翡翠城的组织文化随之建立起来。

一、办学目标

办学目标是一所学校发展的目标和定位，是对理想办学状况的描述和评价。翡翠城分校依据绿色成长的办学理念，结合学校的实际和当前基础教育发展要求，确定了如下的办学目标：实施绿色成长教育，促进师生主动发展，建设一所国际化优质小学。

"实施绿色成长教育"是学校的教育价值取向和发展途径，"促进师生主动发展，建设一所国际化优质小学"是学校的办学目标。在这一目标中，"促进师生主动发展"是从教育主体的角度来确定目标，强调发挥师生的主体性、积极性，而"主动发展"其实就是"绿色成长"的内涵之一；"建设一所国际化优质小学"是从机构发展的角度来确定目标，"国际化"是对学校发展内涵的广泛性要求，"优质"是对学校发展的质量要求。"国际化"正是从"绿色"的价值理念出发应当具有的标准，"优质"则是从"成长"的价值理念出发应有的定位。"国际化"和"优质"是从办学目标上对"绿色成长教育"的呼应。

在确定办学目标的过程中，老师们全部参与其中，大家谈了很多自己的想法，比如有的老师说："经验是获得知识的唯一途径。外面的世界很精彩，不仅是绿色的，还有粉色、红色，甚至黑色、灰色。学生自己去体验、积累，学会靠自己的本领解决问题。不给孩子们营造一个'理想化的环境'，我们要注重经营一所社会化的学校。"有的老师说："挖掘自身潜力，任何事情只有靠自己的努力才能实现。翡翠城应该是给孩子们提供发现自己、发展自己、成就自己的乐土。梦想一定靠自己去实现。"有的老师说："享受过程，在经历中成长。信念是别人所不能给予的，愿望的实现靠齐心协力、克服困难实现。每个人都有自己的优缺点，要努力发掘自己的优点，给自己信心和希望。只有对生命的体验才能带来丰盛的智慧，他会超越理性思维带来的自我限制。"还有的老师说："翡翠城就是孩子们实现梦想的地方。确定目标就要勇往直前。大家为了各自的梦想聚集在一起，共同为梦想而努力。实现梦想的过程正是成长的过程。"办好学校需要每个教师的付出与努力，我们把大家的这些想法进行汇总、提炼，最终确定了上述办学目标。

二、育人目标

育人目标是对学校所培养出的理想学生的描述，是学校全部教育活动的理想结果。翡翠城分校从自身的价值理念和办学定位出发，将育人目标确定为：培养快乐生活、勇于探索的梦想少年。这个目标的基本元素来自《绿野仙踪》童话中的形象内涵，并将时代所赋予的使命与学生的实际相结合。它主要包括四个元素：一是"有梦想"，翡翠城就像童话中的翡翠城堡一样，是一个让孩子开启梦想并学会为梦想而努力的地方，我们希望孩子要埋下理想的种子；二是"快乐生活"，是希望学生在翡翠城里幸福快乐地学习生活，培养积极、乐观、豁达的品质，这是"绿色成长"的必然要求；三是"勇于探索"，是希望学生获得勇敢的品格，敢于挑战自我、勇于担当、克服困难，为梦想努力拼搏；四是"少年"，这是对学生成长的阶段定位，即为走向社会、步入生活做准备，这是对"绿色成长"的基础性、共生性的体现。

育人目标的制定固然重要，围绕着这个目标规划课程、设计活动更为重要，这是需要在办学过程中一步一个脚印去落实的。比如在勇于担当方面，我们认为在小学阶段重在唤醒，要对学生正确的人生观、价值观、世界观有一个良好的启蒙，特别是要让孩子做大写的我，形成更加宽广的心胸与志向，建立家国情怀和责任感。在2020年初抗击新冠肺炎过程中，学校里有很多孩子看到电视上报道白衣天使不畏危险主动请愿上前线，看到社区工作者坚守岗位，做好大家的防疫工作后，主动拿出自己的压岁钱，或捐款或买来防御物资捐赠。学校里有一个三年级的小姑娘，她的妈妈得了白血病，在找不到配型的情况下，孩子坚强地说她不怕疼，要给妈妈捐献骨髓。像这些孩子那样具有感恩之心与责任担当，就是我们与家庭共同实践育人的结果。

三、校训

校训是对全校师生的训示，是全校师生共同遵守的基本行为准则和道德规范。校训是学校精神和办学理念的集中反映，是学校历史和人文积淀的结晶。根据我们自身的价值定位和文化体系的整体方向，我们将校训确定为：悦己爱人，智勇双修。

这个校训是从翡翠城文化中脱胎的，也凝结了全校教师的教育期盼。它主要强调四个品格：一是"悦己"，能够快乐地接纳真实的自己，同时客观地评价自己，取长补短，完善自身，这是快乐生活的前提；二是"爱人"，这是一个广义的概念，要爱自己，爱自然，爱家国，泛爱众人，即要友善地对待他人和世间一切事物，实际上是"绿色成长"中和谐性和共生性的体现；三是"修智"，即要求师生拥有智慧，有益于人，有益于国，明智地对待生活中的人和事，智慧的增长也是生命成长的重要体现；四是"修勇"，即要求师生培养勇敢的品格，独立去面对生活的风雨，更加凸显的是责任担当，这是"绿色成长"中自主性的体现。

《论语·宪问》中孔子说："仁者不忧，智者不惑，勇者不惧。"仁者宽厚爱人，故无忧；智者能明辨是非，故不惑；勇者能临危不惊惧，所以无畏。具有这三种美德的人，就不忧不惑不惧，是顶天立地的君子。孔子又说："好学近乎知，力行近乎仁，知耻近乎勇"，好学、力行、知耻是达到智仁勇的主要途径。智仁勇是君子的很高追求，当时我们把校训定为"悦己爱人，智勇双修"，就是希望老师和孩子们具有仁爱之心，做智者，做勇者，站位高远，视野开阔，做一个世事洞明，对社会有所贡献的人。这与"绿色成长"的内涵一脉相承。

四、校徽

校徽是学校的象征性标识。我们的校徽是从翡翠城文化中获得灵感的，设计成见图 1 的形状：整个校徽呈圆形，以绿色为主色调，分为外环和中心两个部分，外环是校名的中英文组合，中心由一座宏伟的城堡、一条曲折的道路和四个卡通形象（多萝茜、稻草人、铁皮人、小狮子）组成，整个标识以最为精炼的形式将翡翠城的童话意蕴展现出来。四个卡通形象循着道路迈向翡翠城，象征学生来到学校，努力学习，快乐生活，像多萝茜、稻草人、铁皮人、小狮子一样通过自身努力，实现各自梦想。该标识既有丰富的教育内涵，体现和呼应"绿色成长"的理念，又富有童话色彩和形象性。

图 1　北京小学翡翠城分校校徽

　　校徽的确定历时将近一年，师生自主设计和专业人士设计相结合，前前后后汇总出预选方案大概有二十几个。我们围绕"绿色成长"的内涵反复推敲，最后确定入围的有七个。班子成员在一起表决，初步确定那个带有拼图元素的方案。然后，我们又通过多种渠道广泛地征求意见：在全体教师会上，我把这七个候选图案一一展现，让大家看一看哪个更加贴切。教师们先是思考着、小声议论着，然后就开始发言阐释观点。有的老师认为校徽应该让孩子一看就能懂，具有趣味性、直观性，他们认为有翡翠城堡的那个方案更好；有的老师认为拼图是我们所追求的育人方向，"尊重每个个体，更注重团队合作"，因此拼图的方案更好。大家各持己见，争执不下，最终就纠结在"翡翠城堡"和"拼图"两个方案上。我说，那我们就投票决定吧，少数服从多数。最终有翡翠城堡图案的被选定，也就是我们现在的校徽。

　　除了上述两个目标、一训一徽之外，校歌形成也值得一提。校歌的出台也颇费一番周折。我们请戴于吾先生作曲，歌词想自己来写。当时我们成立了一个歌词创作小组，每个人作词一首，然后汇总在一起，隐去姓名，大家进行无记名投票。我也参与了校歌歌词的撰写，结果我的落选，我们一位很有才华的语文老师所写的歌词得票最高。我们就在她所写的歌词基础上进行修订，最终有了我们引以为傲的校歌。

　　上述一些重要条目的提炼和形成，为翡翠城的发展确立了方向，也为全校师生的言行提供了准则，塑造了学校的组织文化，为学校文化的积淀提供了一个很好的开端。这个过程产生了两点启示：其一，校长示弱也是一种智慧。学校是大家的，每个人都是主人。永远相信集体的力量可以战胜一切困难！其二，过程重于结果。例如校徽的制定，其实最终确定为哪个都会有自圆其说的内涵定义，选定哪个不是最重要的，人人参与，人人知道才是最关键的，校徽作为学校的外显标识，只要她能深入到每个人的心中，那么在这个酝酿的过程中，文化育人的目的就已经达到了。

教育纵贯线

学科成绩抽测带来的思考

学校教育是人类传承文明成果的一种方式和途径。因此，学校的重要任务就是让学生掌握知识。对知识掌握的效果如何，要通过考试来检验。在减负的热潮中，大家好像都是谈考色变。但是我认为一些适当的质量监控还是有必要的，在做一件事情的时候要把握好度，不能在减负的美好愿望中把本该有的监控也一起扼杀了，这就走向了反向，也是对孩子成长不利的。

在不同的阶段，我们也会接受市区级的学科抽测。有一次区里要监控四年级的英语学科，主抓教学的干部找到我说：四年级某某同学英语一直就考十几分，咱们班额少，平均分会因为他受很大影响，如果抽到他们班可就糟了，会影响到学校的声誉。我不动声色地问她，那你想怎样？她立刻说，如果他不参考，我们的成绩会提高几分。听了干部的话，我做了几点分析，先是肯定了她为学校的荣誉殚精竭虑，然后从学校的办学理念出发回忆我们的坚守：即使有激烈的竞争，也让孩子的成长有规律、有尊严。如果这次检测因为这个孩子的缺考名列全区第一，那又有什么意义？我们失去的东西太多了，首先，会伤害到孩子的自尊。这个孩子一直都是英语学不好，但目前却没有失去学习其他内容的自信与快乐。如果让他缺考，可能会让孩子丧失自信与自尊，同伴也会对他另眼相看。其次，失去的是教师的信任。我们一直在大会小会上宣传的是如何关注每个孩子的成长，可是真的遇到事情了却是另外一种做法，失去民心就失去了学校发展力，后患无穷，以后再遇到类似的事情，教师们也会效仿我们的做法，学校办学理念也就失去了存在的真实意义。干部听了后，使劲地点头，她说没有想那么多，为自己的一时功利感到惭愧。

那次监控还真就抽到了这个班级，那个孩子真就只考了十四分，但是我们的成绩在区里依然名列前茅。虽然没有得到所谓的第一名，但是我们得到的却更具有含金量，我们心中感到了无比的踏实与坚定。绿色成长所指向的"绿色质量"，不是单纯指学业成绩的高低，它的内涵远比这个要深远得多，它所指向的是孩子的整个人生。我们时刻警惕取得绿色质量的渠道是否经得起拷问，时时刻刻将孩子的健康成长作为不变的目标。

第二节 人的文化引领

文化是因"人"而生的，"人"是文化体系中的关键因素。既然如此，那么学校文化建设必须"目中有人"，而非只是目中有"物"或"事"；即使在手中有"事"、眼中有"物"之时，也要关注"物"或"事"之于人的"意义"。人是文化创造的主体，在学校里，这个主体就是干部、教师、学生、家长以及职工等若干群体。每个人都有自己的个性和意志，其行为方式也各不相同，我们要将不同群体加以规约，根据不同群体特点将其导向"绿色成长"这个共同的方向。这就是文化建设中对人的文化引领。

一、干部群体：人人重要 合作共荣

干部群体是学校办学理念的传播者与执行者，是校长和教师间的桥梁与纽带，是学校发展的中坚力量。基于"绿色成长"理念的内涵，结合我校干部队伍的基本特点，我们在构建学校管理文化的过程中，汲取"拼图文化"的内涵，形成了对干部群体的八字要求：人人重要，合作共荣。

人人重要。众所周知，在拼图中，我们要认清和把握每一小块图片的形状特征，并将其放在适宜的位置上，使之各得其所，因而从根本上看，拼图的各个小块相互之间是平等的，每一块都是重要的，缺了哪一块都不行。这个道理体现在学校干部团队上，就是指每一个干部都是平等而重要的。因而作为管理者要眼中有人，充分了解和尊重每一个干部的个性和能力，将他们安排到合适的岗位上，并创造条件促其成长。

合作共荣。在拼图中，各个小块只有汇集起来，才能构成一个完整的图案，可见各个小块只有合作，拼图才能成功。学校干部团队也是如此。作为学校的管理者，要善于将个性不同的干部凝聚成一个团队，大家共存共生、合群合作、创新创造。拼图的结果，大于每一块图片，它的魅力既在于过程之中，更在于结果之上。

在干部分工上，尽可能发挥每个人的优势。性格开朗、情商高适合德育工作，一丝不苟、扎实严谨更适合教学工作，思想深刻、思路清晰更适合做科研工作、乐于奉献、生活知识丰富、观察力强更适合后勤工作。

　　我们在管理过程中，确立了如下的准则：

　　管理即服务。以科学管理为基，规范各项规章制度。如针对集团化办学，依托"一三五"管理模式，条块相符协调推进学校内涵发展。在此基础上，有的教师喜欢乐器，申请组办教师乐队，我们需要做的就是置办乐器、给足场地；有的年级组根据教学内容想集体组织学生外出实践，我们需要做的就是联系车辆与场馆；有的教师提出某位学科专家非常棒，我们要做的就是不管多难也要把专家请到学校，进入课堂为他们指导。一句话，管理就是服务，为教师服务好，尽量不要"骚扰"教师，让教师心无旁骛地教好学生，把更多的思考与精力用在孩子身上，只有这样孩子们才会真正受益。自主管理其实和老子所云的"无为而治"一脉相通。在学校里我们没有一块评比专栏，无论是教师的还是学生的，评价是一种导向，大气的管理得到的是大气的教师。

　　管理即引领。强化责任担当，坚定理想信念，设立"党员先锋岗"，坚持"一个党员一面旗帜"。作为教育教学干部，一定要有自己的学科发展专长，目前学校里86%的干部都在前勤任课，60%是本学科的市区级学科带头人、骨干教师。干部的定位不仅仅是管理教师，更是改革的引领者。学校的教育教学工作非常扎实有效，原因就在于干部的根就在课堂上，他们永远都不会言之无物，脱离实际，其他老师就会心服口服，愿意追随。

　　管理即参与。实行扁平化管理，不管做什么事情，干部都和教师在一起。每名班子成员兼任年级负责人，统筹安排年级组事宜，与年级组长和组内教师一起策划年级活动，凸显了管理的实效性与人文性。广开言路，依托教代会、学代会、QQ群等多种形式，凸显民主管理，激发每名师生的主人翁责任感，共同建设学校。

　　二、教师群体：大气智慧 自信优雅

　　在学校管理各种资源中，人力资源是最具竞争力的，也是学校管理的核心，学校办学的质量提高、持续发展，其关键在于教师。教师群体所展现出来的形象特征、价值取向、行为方式、精神风貌等内容就是教师文化。我们的教师文化主题是"大气智慧，自信优雅"。

　　大气智慧。"大气"是我们对团队文化的第一要求，因为这关乎教师的积极健康心态，关乎团队凝聚力，关乎成员之间的相互欣赏、相互温暖。任何制度都无法滴水不漏，万分精确，当制度与评价缺失时，就靠干部教师的大气与操守来弥补；从学校所追求的教育理念来说，心胸开阔、积极乐观的心态是教师绿色成长的应有标志。"智慧"的教师具有专业主义激情，将理性的把握与感情的演绎完美结合在一起。从各方面充实自身，以学生为本，以社会为源，旁征博引，因材施教，将知识融会贯通。我们的教师就像向日葵一样，以自信的姿态，昂首挺胸，面向阳光努力向上。

自信优雅。"自信"，是要求我们的教师在强手面前敢于发表见解，在弱势群体面前不盛气凌人，能够虚心倾听别人的建议和意见，善于改进与提升。现代社会的快节奏让我们无暇欣赏身边的美丽风景，只顾低头奔着目标前进。教育是一项"慢"的艺术，只有"慢"，才能领略生命的从容，感悟教育的真谛。让心态慢下来，静下心来体味、享受做教师的过程。"腹有诗书气自华"是一种优雅；博闻强记、兴趣广泛是一种优雅；不急不躁、从容淡定是一种优雅；谈吐自如、衣装得体也是一种优雅。"优雅"是阅历的凝聚，是人生的沉淀。

为了推进"大气智慧，自信优雅"的教师文化，我们遵循如下原则：

人尽其才，唯才是举。充分发挥每一个人的才能，让每一个人的才能都能得以施展。庸才是被放错了位置的人才，它时时提醒我们不要人为地制造"庸才"。要想扬人所长，就要有一双善于发现的眼睛，甚至拿放大镜去找教师身上的优点。在这个过程之中，一种积极乐观的氛围会慢慢形成，它会带来正能量，让身在其中的人都很舒服、惬意；相反，如果我们的出发点是补人之短，时时处处想的是"拯救"教师，"修整"教师，那么校长每天就要睁大眼睛找教师身上的不足，这会使得学校里的天空都是灰暗的，教师在这种环境中又怎么对成长有一种迫切的渴求呢？用绿色的眼睛、绿色的心态看世界，世界也会变成绿色的。有次招聘教师的时候我们引进了一位外地非师范类的教师，他学习的是曲艺和主持专业。这位男教师身上有着引人发笑的天赋，特别善于表达，甚至有点口无遮拦。他的这种性格对于学校原有的教师文化是一种冲击，他刚一来，我就听到了来自不同方面的声音，有的干部说：校长，这个老师您可要注意点，他说根本没想当老师，只是户口先进京再说。他的言论在办公室里带来了一些负面影响，有的教师说：校长，他和咱们学校的文化严重不符，咱们选教师怎么变风格了？我也曾经动摇过，但是我坚信适当地引导与搭建应有的平台会让他尽快融入教师群体文化之中，并闪耀出他该有的光芒。根据他的强项我们让他负责学校电视台的录播，并由他来担任比较擅长的计算机课教学。在办公室安排上我们也动了一些脑筋，信息办原有的两位男老师工作一板一眼，非常勤奋，不善言辞，把他们三个安排在一个工作空间里，会互相取长补短。在一次次的培训之中，在一天天与大家的接触之中，在一次次和孩子们的沟通中，他在慢慢发生变化。开学不到一个月，他身边就围着众多的孩子，放学后也能看到他和孩子们活跃在乒乓球案边；他奔走于各个办公室之间，为大家修理计算机的同时也把欢笑带给他们；每次活动他都扛着摄像机、拿着照相机虚心地向老教师请教，抓拍精彩的瞬间。

才尽其用，促进发展。十个手指伸出来不一般长，教师的综合素质也存在差异，因此，他们的成长速度、呈现状态会有很大的区别。我们要允许教师的个性化发展，或阳刚，或幽默，或细柔；允许他们有自己的一招鲜，或是学科教学，或是班级管理。每个人都有自己发展的空间，百花齐放，百家争鸣，学校里会是一片欣欣向荣的景象。学校有一位刚刚从东北师范大学毕业的大学生，当班主任教语文。一次我在楼道里走，她突然冲上来抱住我的脖子大哭，我吓了一跳，以为发生了什么事。她断断续续地说："这次期中检测我们班和其他班平均分差两分多。"我松了一口气，拍着她的后背，"多丢人呀，别哭了，小心让学生看见。去把试卷拿来，咱们一起看看问题到底出在哪里。"我叫来了主抓语文的教导主任，我们一道题一道题地分析，看看学生试卷中反映出来的问题，哪些是由于学生学习习惯不好导致的，哪些是由于教师教材不熟悉造成的，在柔风细雨中她渐渐平静下来，眼里露出了喜悦的光芒。期末的时候她跑来告诉我："校长，我们班成绩追上来了，已经中等了。"我继而又对她说："在咱们学校里，一直不单纯拿学生的考试成绩衡量你们每一个人，为的是让你们把精力更多地用在学生的综合素质提升上，关注学生的全面发展。期中检测是教研组怕你们刚毕业出现教材的把控问题而进行的一次检测，为的是让你们及时查漏补缺，有所改进，而不是甄别你们谁强谁弱。以后遇到事情不能一味地着急，出现问题不可怕，只要处理得当，坏事也能变成好事。但是必须冷静下来查找原因，这样你就能一步一个脚印地前进。"教师迫切地想快速成长，这些可贵的品质稍纵即逝，必须抓住时机走近教师予以引导，让才尽其用。

融于团队，捆绑成长。随着中小学新课程的实施，教师与教师间的教育教学合作显得越来越重要。就教师而言，合作无论对其个人进步还是对于学校发展，都有重要的促进作用。教师仅仅做好自身工作还不够，还要融于团队之中，珍视团队友谊，要尽自己所能伸出援助之手帮助团队成员，温暖别人的同时，也让自己更加温暖。这让学校不再是单纯意义上的工作空间，更像家，多了一份浓浓的亲情。一个教师只有把自己的发展根植于教师团队之中，才能更加持久，更加有力。教师要眼中有人，尊重每个成员的付出，睁眼就能看到伙伴们的辛勤付出与美好品德，别人给的帮助与关心要能回应，不把这当成理所当然的事情。记得有一次开车在路上，有一辆车从辅路并过来，我自然地踩刹车等他并进来，本来是件很寻常的事情，那辆车进来之后，司机摇下车窗，伸出大拇指冲后点了两下，虽然没有看到他的模样，但是那竖起的拇指却让我印象深刻，他一定是个懂得感恩的人，是个善于传递正能量的人，陌生人都能如此，朝夕相处的人又怎么能忽视身边人的感受呢？懂得珍惜身边的每个人，让大家都能够在一起幸福地工作，这是我们所追求的理想团队。

三、学生群体：主动发展 快乐交往

我们办学的目标是育人，因此一切工作皆指向于学生。学生群体在学习和生活中所展现出来的鲜明的价值取向、行为方式、精神风貌等内容就是学生文化。我们的学生文化主题是"主动发展，快乐交往"。

主动发展。绿色的成长有很多内涵，其中很重要的一条是主动成长、自主成长，即学生能够意识到内在的成长需求，能够发挥主观能动性，积极参与到自我发展的过程中去。在教育教学中引导学生自主成长，犹如在他们身上安装了一台发展的"永动机"，能够取得事半功倍的良好教育效果。因而，"主动发展"是我们对学生文化的首要定位。

快乐交往。孩子到学校，最主要的事便是学会与人"互动"、与自然"互动"、与"自己"互动，学会与世界真正联结，在交往中进行学习和生活。我们对学生文化的第二个定位是"快乐交往"。我们希望学生领悟"交往"的重要意义，学会交往，并且能够快乐地交往，能够在与他人、与世界、与自己的愉悦相处之中不断提升自己。

为了推进"主动发展，快乐交往"的学生文化，我们创设多层面交往平台，让学生的主动发展，快乐交往成为可能：

与自身交往。我们努力让孩子们意识到喜怒哀乐这些情绪都是我们的朋友，他们没有好坏之分，我们要学会的是如何做情绪的主人，而不是让情绪主宰自

己。我们引导学生从常规入手，从小处着眼，不断完善自身。我们通过视频播放、国旗下讲话、校园广播、做好"文明礼仪示范岗"等反馈学生常规的情况，巩固一日常规，效果日益显著。在此基础上，各班制定班规、班训，以及近期目标、评价方式等，从"要我这样做"转变为"我要这样做"，从而将其内化为学生的自觉行动。

与他人交往。包括构建平等的师生关系、自主的生生关系、融洽的亲子关系与和谐的社会关系。在构建和谐的亲子关系方面，我们建章立制，全面规划，将家校合作项目融入学校管理的各个层面。制定《家长教师协会章程》和《家校共育方案》，规范家校合作的方方面面，并根据孩子的年龄特点、心理特点分年级设立不同的家长开放主题。比如一年级家长参与的主题是"走进学校，感悟常规"，让孩子们引领家长参观校园的每个角落，并且介绍自己的学校，有的孩子拉着家长的手，不时叮嘱：您要靠右边走，不能并排走；您可不要在学校里吸烟；这是开水，要小心……最后家长们走进课堂听一听孩子们的数学、语文课，了解刚上一年级的孩子在课堂上的表现是什么样子的，了解我们的课堂文化，增强育人合力。五年级的开放主题是"说说心里话"。随着孩子的逐渐长大，他们有的开始进入青春期，出现逆反心理，和家长的心理距离越来越远，家长们很心焦。我们开展系列亲子活动，如青春期教育、个别心理疏导、家长支招会等，指导家长如何与孩子沟通。孩子们处在人生的关键期，更加需要家校携起手来给他们一些引导和帮助，这个关键点抓住了，对于孩子以后的成长将事半功倍。

与客观世界交往。人是大自然的一部分，我们希望学生的在校生活也能融入自然中。我们在校园内种植了四十多种树木，并且给每个树种都做了标牌，让学生能够随时随地学到自然知识。教学楼内，有学生们自己养的各种小植物、小仓鼠和小鱼，每天他们都要进行清理喂食。每学期学生还要进行"一园一馆一实践"活动。"园"主要是让学生走进自然、亲近自然，获得情感体验；"馆"主要是以增长知识、获取能力为主，使学生通过调查研究、亲身体验、总结展示等方式提高探究能力，锻炼不怕困难、勇于挑战的勇气；"实践"主要是以各种专项拓展活动为主，使学生在拓展体验中感受团结、挑战自我。我们还鼓励有条件家庭利用假期时间自发组织出游，让孩子们融入大自然的怀抱。这不仅开阔了学生的眼界，还增进了伙伴们之间的感情。

教育纵贯线

教师公约

完善学校现代治理体系，促进现代治理能力的提升是当务之急。学校制度须注重实效性、针对性和可操作性，须与社会大环境相吻合，并能够走进教师心中。我们建校时留下了一个传统，第一批来校的干部、教师一起起草了《北京小学翡翠城分校教师公约》（以下简称《公约》），每年的新教师培训都有一个固定的板块，就是修改《公约》，这样逐年滚动，随着学校的发展，公约也会有所变动或补充。它来自全体教师，大家坐在一起，共同讨论身为翡翠城人到底应该是什么样子的？每人列出条款，共同研讨和约定。之所以叫"公约"，是因为它是我们全体翡翠城人共同遵守的约定，无一例外。它是在校教师的行为底线，在这个底线之上，教师可以根据自己的专长、特点寻找学科和班级的自主发展空间，自由地施展自己的才华。因为从教师中来，所以不需要用行政手段去监督、评价执行，大家乐于自觉遵守。在每年的修订中，教师们都会提出一些新想法，比如在楼道里见到有生人来访要主动问候，并指引去向，让客人有宾至如归的感觉；后勤人员指出尽量在课间时不去厕所，为上课的教师、孩子们多腾出一些空间。这些有血有肉的行为准则充满人性的关怀与感动，里面暗含的是教师的自我约束，也是他们心目中翡翠城教师的形象勾勒，这不是外部的规范，不是强加给教师的，而是教师内心的渴求，变"要我怎样"为"我要怎样"，这是对教师最大的尊重与信任，也是学校"绿色成长"文化的一种渗透与显现。

《北京小学翡翠城分校教师公约》

守时高效。教师课前要做好充分准备，提前一分钟到岗，按时上下课；不带手机进课堂，课中师生均不随意离开教室取东西；准时参加学校的各种会议，认真做好笔记，确保会议准时开始，准时结束；按时高质上交各种材料、完成各项工作。

团结协作。增强全局观念，个人和局部利益服从全局需要；对于学校发展积极提出合理化建议；贯彻全员教育理念，发现学生各种不良行为有责任予以纠正，坚持正面教育学生；同事之间真诚待人，互相协作，构建和谐的人际关系。

热情有礼。强化主人翁意识，对来电、来访者主动热情；谈吐文雅，举止端庄；

学生问好主动回礼，请学生回答问题时，五指并拢伸出；服饰得体，教师穿鞋以不出噪声为标准，穿出教师职业知性美；统一着装，每周一和重大活动穿校服。

爱心包容。工作中认真做自我检查，真诚接受他人建议；悦己爱人，努力营造宽松、愉悦的生活、学习氛围；校园内不吸烟；进校园手机调为振动或静音。

律己垂范。带头保洁，桌上用品摆放整齐，人走桌净；校园内推车慢行，车辆摆放整齐；学校集会，列队站齐，与学生一起活动；坚持站姿授课，声音适度。

第三节　事的文化提升

组织文化既体现在组织规范、群体风范上，也体现在该组织、该群体所从事的主要事项上，其事项如何开始、如何进行以及如何评价与终结，正是组织文化的最为直观、最为集中的展现。对于学校而言，最重要的"事"就是教育教学，在日常运行中体现为课堂教学和德育活动两大方面。因而，学校文化建设，就要抓住课堂教学（包括课程的构建和教学的实施两个部分）和德育活动，以文化的力量推动其发展和提升。"绿色成长"文化的构建，正是秉持这样的思路进行。

一、课程文化：生本构建　因材施教

课程是特定的教育内容及其实施过程。课程文化是指一所学校的课程理念、课程内容以及课程实施情况所展现出来的价值倾向、风貌风格和文化内涵。我们依据国家及地方的相关课程规定，结合本校的课程需要和课程特点，搭建了"绿色成长课程体系"（见图1）。

生本构建。充分整合三级课程，进行整体规划，在课程结构、内容及形态上，最大限度拓展学校课程建设的时空局限。纵横交错，形成了课程的网状体系，充分体现了关注每个学生的个性化、多样化成长，让我们的培养目标能够落在实处。具有科学性、系列性，更具有开放性、多元性的特点。

因材施教。在横向上将课程分为人文、科技、艺术、健康四大门类，分别以《绿野仙踪》中的四个主人翁命名，希望通过课程的实施，使学生们能够拥有勇气、爱心、智慧、梦想这些核心素养；在纵向上又将课程分为基础、拓展和特色三个层次。自下而上由普及到特殊，整体水平由低向高，满足孩子的不同层次发展需求。

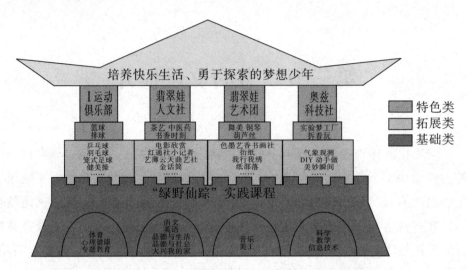

图1　北京小学翡翠城分校"绿色成长"课程体系

在理念上，体现"绿色成长"理念的要求。

众所周知，课程结构决定了人的素质结构，有什么样的课程就会培养什么样的学生。我们针对培养目标，将不同课程类别以《绿野仙踪》童话中的主人翁命名，分别为小狮子课程、多萝茜课程、稻草人课程和铁皮人课程，突出培养翡翠娃的勇气、梦想、智慧、博爱等核心素养。我校分为南、北两个校区，北校区的生源多为管理人员、专业技术人员和个体经营者子女，孩子们视野开阔，思维活跃；南校区的服务范围多为经济适用房、两限房住户，学生朴实无华，做事比较有韧性。针对两个校区的生源及校舍建设情况，我们进行统筹规划，在绿色成长教育理念之下，两个校区错位发展，让每个学生都能够学有所长，学有所用。基于此，我们确定了课程建设一体两翼、互相补充、齐头并进的发展思路。北校区凸显国际化，如开设钢琴、科技、篮球等特色课程；南校区凸显民族化，如开设葫芦丝、茶艺、中医药等特色课程。

在实施上，凸显普及性、多样化、个性化。

基础类课程凸显学生的全面成长，我们在"实"上做文章，夯实基础。从整体入手，采取"一体多维"的课程设置思路。如：语文课程中，"一体"指部编版语文课本，"多维"指我们自主研发的课内、外多维阅读体系，保证学生阅读的广度和高度。在课程设置上，每天设有20分钟的书香小课，用于经典诵读，每年级都梳理出了必背篇目，经过七年的总结、积淀，出版了低、中、高三本《书香诵读》校本教材；每周还有一节30分钟的书香大课，进行"1+N

一篮子"读书工程,"1"是每个月必读的同读书目,收录在校本教材《书香阅读》里,"N"是与这本书内容相近的自主选择书目,可以自己购买,也可以从学校图书馆借阅,书籍都放在篮子里。这个篮子就相当于孩子的一个微型图书馆。每月的第一次书香大课,老师进行导读,之后学生进行阅读,读完同读书目的学生,自行选择"N"里面的书目拓展阅读,每月的最后一次阅读课,学生们进行读书分享。形式各不相同,如手抄报、知识问答、表演、用思维导图展现书中人物及事件等。这种必选与自选相结合的读书课程深受孩子喜爱,小学六年每个学生底线必读书目60本以上,再加上配套的《同步阅读》《书香诵读》,远远超出了课标所规定的阅读量。学生阅读兴趣越来越浓厚,读书篮成为学生每天的必需品。

拓展类课程更多是满足学生的多样化发展需求。我们在"广"上做文章,拓宽学生的涉猎面。首先课程设置自主化。每周五下午全校大走班。很多课程是孩子们自治的,自己研发、招募团员、组织实施,凸显自主成长。其次课程管理平台化。2014年9月,我们开发了拓展课程选课平台。课程报名、管理和评价等工作都放在平台上进行。再次课程辅导层次化。由社会专业人员、专职任课教师进行辅导,还由某一方面有明显优势的队员主动承担团长任务,指导团员开展活动。

特色课程凸显学生个性化成长,我们主要在"精"上做文章,用以满足学生个性化的成长需求,凸显翡翠城独有的特点。每门必选课程,教师们根据学校实际和学生年龄特点编辑了适用的教材和课程实施方案。每周一节排入课表,由专职教师上课。茶艺课程力求把中华民族传统文化植根于学生的心里,分为茶本源、茶衍生、茶实操、茶实践等环节;舞美课程中,在老师的启发下,孩子们用形体模仿各种事物,"水""火""蝴蝶""小鸡"等,还有抽象的"墨""云"等,充分发挥想象,将生活中观察到的拉到课堂中来,创造各种造型,在跨学科领域进行了有益的尝试。

二、课堂文化:自主本真 互动生长

课堂文化是在独特的教育理念影响下师生教学所形成的独特模式、精神原则、风貌氛围等内容。杜威说:好的课堂在于精神生命的涌动,是对生活的还原。课堂文化是一种聚合文化,小小的课堂容纳的是学校文化建设的全貌。我们的课堂文化主题是"自主本真,互动生长"。

自主本真。让课堂凸显原汁原味，"活而不乱"，有良好的课堂常规，尊重科学的严谨性，却不限制孩子的思维，让他们能够表达真实的情感与想法，教师顺势而导；同时，倡导激发学生的积极性、主动性，培养学生的自主学习能力，锻炼教师的自主把握能力。

互动生长。让孩子在课堂上实现多维互动，师生、生生之间，学生与课本、与生活经验、与自身之间实现对话，在这种互动碰撞中，促其自然、自主、可持续地成长。

为了实现"自主本真，互动生长"的课堂文化，我们做了一些行之有效的变革：

变"课堂教学评价表"为"学生课堂学习过程观察表"（见表1）。从评价教师的教转为评价学生的学，站在孩子的视角看目标达成、看内容安排，这一转变引领教师更加关注学生每节课的收获，"在学习方式上表现为从各自呆坐的学习走向活动性的学习，从习得、记忆、巩固的学习转向探究、反思、表达的学习；在教学的方式上表现为从传递、讲解、评价的教学转向触发、交流、分享的教学。"[2]

表1　北京小学翡翠城分校"绿色课堂"观察表

课堂文化核心词：自主本真　互动生长

授课教师	听课教师	班级	课题	科目	日期
类别	评价项目		评价要点	评价	
				权重	得分
学生	学习习惯		1.课前准备充分，精神饱满、坐立端正。	6	
			2.课上专心听讲，能独立思考，发言声音洪亮、清晰，表达完整。	6	

[2]　佐藤学.教师的挑战[M].上海：华东师范大学出版社，2012：1.

学生	学习状态	1. 能主动参与学习, 对学习内容和形式有浓厚的兴趣。	6	
		2. 善于倾听同伴发言, 在倾听中思考, 在倾听后及时评价、适当补充自己的想法。	6	
	学习能力	1. 在参与互动时, 能主动答疑解难、质疑争辩。	6	
		2. 善于取长补短, 听取正确意见, 完善或改进自己的想法。	6	
		3. 能够主动发现问题、提出问题, 有条理地分析问题, 解决问题。	6	
	学习效果	1. 主动获取知识, 体验到学习和成功的愉快, 学有所获。	6	
		2. 积极参与学习活动, 有一定的深度和广度。	6	
		3. 能求新求异, 不满足常规的方法和答案。	6	
教师	教学目标	符合课标要求和学生实际程度, 教学目标明确、具体, 可操作性强。	8	
	教学能力	1. 关注全体学生, 使不同层次的学生都有所获。	8	
		2. 善于倾听学生发言, 善于发现、引导、利用生成资源, 评价具有针对性、启发性、激励性。	8	
		3. 教学过程科学合理, 衔接自然, 节奏适度, 突出重点, 突破难点。	8	
		4. 教学基本功扎实, 体现学科特色。	8	
总分				

备注:

1. 学科特色: 如"精彩两分钟"展示、英语自我介绍等。

2. 教师基本功: 教师语言、板书设计、多媒体使用、不拖堂等。

　　首创"以课例为载体的团队成长模式"。要落实"自主本真, 互动生长"的课堂文化, 仅仅局限于关在房间里学理论或者站在教育里论教育是不行的, 在教师的头脑中应该有一张知识网, 触类旁通, 教给学生的教科书里的那些知识，应该只是沧海一粟，这远非是一桶水与一杯水的关系。为了让教师站在更高处，我们在市内网罗志同道合的学科特级教师，从建校时的两位到现在的十四位，组建专家指导团队，其学科涉及语文、数学、英语、音乐、体育、美术等，他们定期走进我们的课堂，和教师们一起备课、听课、说课，在区域内首创"以课例为载体的团队成长模式"（见图2）。在整个课例研究过程中，大家发挥各自优势，分享互助。每一个课例，整个教研组成员全程参与，在一次次的课堂教学、课下研修中，提升的不仅是讲课者，受益的是整个团队，是一种绿色的生态成长。

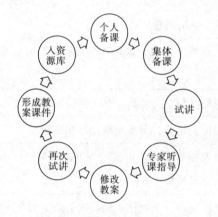

图2 "以课例为载体的团队成长模式"流程图

丰富学科工作坊的形式内容。在学科工作坊内，教师们围绕课堂教学开展一系列的活动，同课异构、同课同构、上接力课、上主题课例等；个人备课与组内备课相结合，各组都形成了浓郁的教研氛围，大家以课堂为媒介，增进了感情，提升了专业水平。在一次同课同构的活动中，两位大、小刘老师针对《万以内数的认识练习课》，以同一个教案进行授课，呈现出了不同的风格特点：大刘老师有经验，课堂评价非常到位，照顾全体学生，语言严谨，但是关键点没有铺垫，导致学生没有全面达标；小刘老师工作半年，理念新，在关键地方点拨学生，进展顺利，但是明显的评价不到位，缺少处理各种问题、情况的技巧、方法。授课教师和听课教师在对比中更能发现自身的优势与不足，进行自我调整。大刘老师课后进行了这样的反思：在教学过程中，我不断放下陈旧的教学方式，改变了我多年来形成的传统的教学模式，学习青年教师的优点，拉近了我和学生之间的距离，使学生更加喜欢我的数学课堂，驾驭课堂的能力和处理课堂生成的能力也有所提升。小刘老师的课后反思是这样的：相对于新教师的我来说，刘老师更善于抓住课堂中学生的生成并使其成为课堂中的一个亮点，这些是我这个新入职的教师需要加强和学习的地方。

三、德育文化：悦己爱人 智勇双修

德育文化是指学校在道德教育中所体现出来的思想、行为、风格等内容。十九大以来，党中央确立了"立德树人"的教育根本任务，强调了道德教育的重要性。"立德树人"即为立德和树人，立德是树人的前提和基础。小学的六年是孩子人生的启蒙阶段，教书更要育人，要更加重视学生道德品格的培育。从"立德树人"的要求出发，结合我校的育人目标，我们将校训"悦己爱人，智勇双修"作为德育文化的主题。由于德育具有渗透性、丰富性、多样性等特点，我们将课程育人、文化育人、活动育人、实践育人、管理育人和协同育人多措并举，在校内营造全员育人、全程育人、全方位育人的氛围。

全员育人。在校内从教师到保安、保洁、食堂员工等，都是德育工作者，大家统一育人标准，做到人人知晓，要求一致，目标明确，共同来落实；在校外，联合家长、社区工作者等，形成同盟，共同促进孩子的成长。"绿野仙踪主题课程"就很好地诠释了这个理念。如五年级的课程主题是"让梦想照进现实"，他们以语文教材中《四大发明》一课为线索，联合道德与法治、数学、美术等学科进行实践活动。道德与法治老师，从学科知识的角度，给学生讲了四大发明的意义及影响；美术老师带领学生用现代纸张和古代纸张绘画，对比纸张的变化对绘画的影响；数学老师根据火药的威力计算爆炸面积，孩子们特别感兴趣，最后学生们还走进了四大发明博物馆，亲身体验了用纸浆和模板制作纸张，分别用活字印刷术和雕版印刷术印制《弟子规》、组装指南针等。通过这样的主题活动，学生们对中国传统文化的认知更加深入了，对民族文化的认同也随之提升了。

全程育人。我们更加关注过程而非结果，因为过程本身就是教育进行时，教育就发生在那里。我们不放过任何一个可以让学生锻炼并成长的机会，如在学生小干部任命上我们有如下的思考：学校是育人的场所，也是孩子们享受平等教育的地方。在职场我们因为要保证效益、效率，因此要让适合的人在重要的岗位做领导职务。而班级里面的班干部和我们职场中的干部的意义就不同了，这里不存在孩子行不行，能不能干的问题，因为小干部的任职本身更多是一种学习与成长，在这个意义上，机会对于每个孩子都是平等的，况且这也是让孩

子们拥有责任感与归属感的锻炼渠道。基于这个想法，我们在班级建设上提出：人人有事做，干部轮流当。各班开展"人人有岗位人人有职责"活动，孩子们自发在班级挖掘各种岗位，大到中队干部，小到水杯管理员，他们自主选择乐于担当的职务，并且轮流体验。这样让每一个学生都成为班级的主人，每一个人都有为班级、为同伴服务的机会。志愿活动是一种公益、奉献的行为。在校内我们有很多志愿服务岗，比如"护绿""护校""常规执勤""年级帮扶""帮厨"等；同时也有序地组织学生到校外参与义工服务，通过北京志愿者平台、社区活动等，参与"社区垃圾分类我指导""关爱社区孤寡老人""社区义卖助贫助残""学雷锋"等志愿服务活动。有一名学生在参与"护校"志愿服务时说：大家在我们的帮助下多了一份安全的保障，这件事情特别有意义。人人为我，我为人人，通过各种体验式服务，孩子们的责任感与担当意识都在增强。

全方位育人。家、校、社三级联动协同育人，将德育渗透到每一节课中、每一次活动中，从课程到管理，从文化浸润到活动设计，做到无死角。每年我们都会向学生征集节约、防火、环保等标语、宣传画，并把他们制作成提示板放在草坪上，粘贴在水箱旁，印制在消防栓上，这让学生有很大的成就感，也让他们用自己喜欢的方式来提醒大家；在班级中，我们倡导"一班一特色，班班皆风景"个性化班级建设，每个班的老师和学生一起制定班级名言、班级公约、班徽、班歌等，各班还建立了班级宣传平台，如：班级博客、班级微信公众号、班级周刊等，极大地提高了学生的积极性，也增强了班集体的凝聚力。学校的一些制度也是由学生共同研讨、商定，我们向学生征集一日规范，形成《翡翠娃公约》；一起讨论课间10分钟如何利用，形成《课间公约》；各班的班级公约也是全班共同讨论确立。我们把学校许多场地的建设权、管理权都交给学生，比如广播站、电视台、记者站、图书馆、空中花园等都交给学生来自主管理，他们在小干部的组织下，集思广益，商定管理办法和制度，安排每天负责的人员。学生通过一点一滴地积累，培养起了自主管理能力。关注学生生命成长的整体质量、助力于学生的综合素质提升，是我们永远的坚守与追求！

教育纵贯线

以美启智，以美育德

立德树人，五育并举，是新时代义务教育阶段的根本任务。《中共中央 国务院关于深化教育教学改革全面提高义务教育质量的意见》指出，各级学校应"注重美育熏陶"。我校以"绿色成长"文化为统领，系统推进美育工作，以美启智，以美育德，让美育浸润每个生命。

我们健全组织机构，明确管理制度，优先经费保障，适时规划发展。我们适应时代的需求，聚焦于学生的绿色成长，确立了艺术教育发展的四个着力点。

一、环境文化

"绿色成长"的校园环境应该是"教育的存在""为孩子的存在"。我们在规范的基础上优先美育发展。现有艺术教室20间；乐器680余件；演出服装千余套。体育馆、多功能厅，都有专业的灯光音响设备，便于学生们进行舞台实践。我们还把教室延伸到楼道：在"美术天地"，教师可以上写生课，孩子们可以举办个人画展；在"音乐空间"，孩子们可以演奏乐器，在小小的舞台上演绎属于自己的精彩……校园内的花开四季、成长林、叠翠亭、空中"梦想花园"……无不使孩子们沉浸于多彩的大自然，时刻受到美的浸润，在玩中习得美、感受美、维护美、创造美。

二、教师团队

教师心灵的舒展会直接作用于学生，进而在学校形成一条绿色成长的"生物链"。根据教师需求，学校安排了摄影、插花、软陶、扎染等艺术类通识培训；同时还开设了古筝、瑜伽、舞蹈、茶艺、书法等教师社团，教师们自主管理、自得其乐、各美其美。基于学生的绿色成长，音、美工作坊的教师们围绕着教育教学中出现的问题进行小课题研究。共同研发完善美育校本成果如《指尖旋律》（钢琴）、《悠扬音律》（葫芦丝）、《快乐琵琶》等，其中《轻舞飞扬》还由学校舞蹈团的学生录制了示范光盘。

除了国内的培训，学校还选派艺术教师先后赴韩、美、欧洲进行学习。在吸纳国外艺术教育经验的同时，我们感觉更有责任把中国传统文化传递到不同国家，让她们更多地了解中国。我们先后把书法、民族音乐、秧歌、绘京剧脸谱和编中国结等内容带进了国外的课堂和社区，教师们在实践中成长感悟，实现了双赢。艺术教师成长很快，在现有的18名艺术教师中，有研究生9人，区级学带、骨干教师7人，高级教师3人。他们成为学校教师的典范，多次在市区教研活动中引领示范。

三、课程体系

要实现学生的可持续发展，就必须为他们提供充分的营养；而丰富的课程就是孩子们成长的"主餐"。绿色成长课程体系中的稻草人艺术课程自下而上、由低到高,在普及的基础上,下有保底,上有出口。

基础类课程"音乐""美术""书法"作为必修课程,每名学生都要进行系统学习,凸显其基础性;拓展类课程更多满足学生的多样化成长需要。校内外师资力量结合,开设了英语戏剧、朗诵、篆刻、版画、纸部落等60余门自选课程,以社团形式呈现,学生100%参与;特色类课程中校本必选课程钢琴、琵琶、舞蹈分别进入一、二年级课表,每周一课时。钢琴、琵琶教学除了学习弹奏技能,还融合音乐欣赏、名家赏析等内容;舞蹈教学更多渗透学科整合的思路,将礼仪、英语、文学、节奏、创编等内容融汇其中,联系生活实际,让孩子们感受到艺术就在身边。为了满足学生个性化成长需求,还开设了双选课程翡翠娃艺术团,内设舞蹈、合唱、管乐、民乐、书画院等各分团,团员600余人,约占全校学生总数的25%。艺术团有活动章程、管理制度,固定的团员、辅导教师、排练时间和场地。

四、实践交流

学校以体验代评价,以实践促成长,整体提升学生艺术综合素质。学校里有很多节日,这些节日属于每个孩子。每年的艺术节至少要进行一周时间,进行动态、静态展示。动态展示每天一个专场,孩子们自由申报、观看,我们希望每个孩子都能有舞台体验。孩子们在一次次的展示活动中展现的不仅是艺术素养,更是他们的阳光和自信,这定将成为他们受益终生的财富。为了提升艺术团整体水平,自学校成立以来,每年都举办专场演出。几年间,童话舞剧《绿野仙踪之神奇翡翠城》已编排了三个版本,分阶段在专业剧场演出8场次,近7000人观看演出,得到了业内人士和社会各界的普遍认可和好评。合唱、民乐、管乐团也纷纷进行专场演出,学校艺术教育总体水平大幅提升。

孩子们在艺术教育中感受、欣赏、表现、创造美的同时,更收获了持之以恒、吃苦耐劳、团结协作的优秀品质,有的孩子高烧39度依然坚守在舞台,有的孩子摔倒了立刻爬起来继续演出……我们的教师和家长也在孩子们感染下,自发地组成了教师艺术团和家长艺术团,多次登台演出。学校成为北京市金帆舞蹈和书法"双金"学校,区民乐银帆学校和京剧基地校。我们与区内四所学校签订协议,在艺术教育方面辐射带动。"以美启智,以美育德",我们永远在路上!

第四节 环境的文化升级

环境不仅是文化创造的场所和重要条件，而且本身也是文化创设的内容。孩子们社会化进程的顺利与否很大程度上取决于他们的生长环境，一个生态的、和谐的大环境非常重要，这需要全社会共同努力。从学校的角度来说，内部环境指校园，包括空间、设施、装饰等不同层面的内容；外部环境，指学校与社区、家长及其他部门的关系。我们对内充分利用校内设施的育人作用，为孩子们的成长创设平台；对外广泛开发社会教育资源，充分利用家长、高校、社区等教育资源，为孩子们创设一个广阔健康的育人环境。

一、物质环境文化：开放童趣 自由舒展

物质环境文化是指学校教学生活设施、自然环境建设和人文环境创设所展现的主题、风格和特点。它积淀着历史，传承着文化，蕴藏着巨大的教育意义。它就像一张无言的名片，即使你一句话不说，也能让人知道你在想什么，你的教育追求是什么，它是学校办学思想的外显与诠释，因此校长应该是环境文化建设的第一责任人，亲自挂帅抓落实。追求教育的品质就先从表层的环境做起，它是内核的外显，极具说服力。走过的几所学校我都一直坚持自己设计校园环境文化，好像唯有这样，才可以离自己的教育梦想更近些。由于逐年递进年级，翡翠城的环境建设先是有一个整体的规划，确定整体风格后，根据资金到位情况，逐步落实，每一个项目的规划都要经过几次甚至十几次的推敲，前期设计的时间比施工的时间要长得多，就像一个好教师备课的时间远远多于上课的时间一样，这样整体规划，稳扎稳打，使得校园环境文化有整体的协调美，每做一处就会有一个经典出现。

校园环境对师生的影响潜移默化、润物无声，具有神奇的教育力量！我们对于校园环境文化建设始终遵循"开放童趣，自由舒展"的原则进行规划与设计，去除雕琢的痕迹，追求自然、原生态，力求回归本真。站在生命的高度，让校园安全、整洁、优雅；站在孩子的视角，让孩子们喜欢，让校园的每个角落都

富于教育性，让孩子们时时刻刻都能有所获、有所思；还原孩子们的实际生活空间，尽可能开放一切设施，让他们时时处处都能在实践中培养好习惯、习得新知识。我们让校园的建筑、设施带上生命的温度，让孩子们有归家的感觉，让他们更加自由舒展地成长，让学校成为师生最怀念的地方。

在游玩中学习，实现学生的自然成长。

玩，是孩子的天性；学校，是孩子们尽情玩耍的智慧王国。孩子们在玩中领悟、在玩中收获。没有约束与干预，他们自由选择玩的内容与方式，在自然的状态中慢慢成长。在学校里孩子是主人，他们的事情他们做主。应他们的要求，我们为每个班配备球类、棋类、织绳、魔方、长短绳等十余种玩具，每到活动课、课间孩子们各取所需，或安静或欢腾在校园的每个角落。在室外我们可以说是见缝插针，地上的方格图随处可见，孩子们随时可以蹦蹦跳跳；楼群间的四五个小天井里孩子可以荡秋千，可以在石桌凳上下棋、看书，可以观察气象温度，亦可留意植物的生活习性；一处小小活动区域里的攀爬架、单双杠是孩子们"快乐午休"时最愿意光顾的地方，这里曾经是出事故最多的地方，原因是他们的臂力、协调性大不如以前的孩子，掌握不好玩的技巧。我们碰到问题不是躲避、制止，而是迎刃而解，教方法、说注意事项、告诉他们强健的身体和灵活性是在平时一点点的积累中习得的，经过半年的努力，在近两年再也没有出过类似学生受伤的案例。不管男孩子还是女孩子，都掌握了这个本领，他们兴奋异常，那里一直飘荡着他们最纯真的笑声。楼内楼外，亦静亦动，在玩中学习，在玩中成长，不亦乐乎！

在生活中学习，实现学生的自主成长。

我们的"绿色课堂"所追求的是让学生在生活中学习，实现他们的自主成长，小课堂，大舞台。这个课堂是广义的课堂，学校里的每个角落亦是课堂，是孩子们获取知识和能力，养成好习惯的大课堂，可以说学校里无处不课堂。我们的环境文化最大的特点是开放。图书、计算机、打印机、钢琴、视听系统全部放在楼道里，孩子们触手可得，学校本来就是孩子们的，这里的一切都属于他们。与其让这些物件静静地躺在加锁的房间里一尘不染，不如把他们拿出来放在广阔的空间里，如果孩子们养成了读书的习惯，可以随处查阅资料、打印资料，可以欣赏到美的东西，即使有一些损害，又算得了什么呢？况且这正是一个培养孩子们爱惜物品、物归原处等好习惯的绝佳契机，刚开始孩子们把书中喜欢的插图撕掉拿走了，把楼道里悬挂的各种乐器弦弄断了，但是我们依然不回避这些问题，如果孩子们有这样的行为出现，那就是我们的教育没有到位，从问题入手，这就是我们下一步集中要做的工作，借势培养孩子们的好习惯，用一个学期开展爱学校教育，带领每个孩子参观学校，讲每一处这么安排的用意，讲为什么要把学校弄得这么漂亮，为什么要把这些用品都摆在外面。我对孩子们讲：在没有人监控的情况下，你依然做得很好，就说明你已经拥有了某种好习惯，学校这样做的理由很简单，因为相信你们！孩子们一旦懂得了道理，他们的表现好得不得了，不再有破坏，而且时间久了，孩子们的新鲜感过去了，一切变成司空见惯时，他们就能够泰然对待这些物件，好习惯也随之养成了。

我们把教室延伸到了楼道与校园，到处都是孩子们展示的空间。每个楼层有不同的颜色、每条楼道有不同的主题。操场上我们的露天小舞台是孩子们最喜欢的地方，时不时地，孩子们会在那里竖上一块广告牌或张贴一张海报，说明时间和内容，利用中午或放学时间或演讲或表演，邀请大家观看。这本该在大学里才有，但是我想小学生也可以，只有我们给他们舞台，他们会还给我们百倍的精彩。在这里，一年级的一个小男生介绍他喜欢的十余种汽车，让高年级的大哥哥刮目相看；二年级的小女生自己写剧本、自己招募演员、自己排练童话剧，在这个小舞台她们的表演有模有样。让孩子们能够自我教育、自主成长，是我们在校园文化构思中的主旨所在，大胆放手，适当点拨，让孩子们在生活中学习，为生活得更好学习。在这个过程中我们一直在追问：我们还可以为孩子做些什么？就是在这种追问中让以生为本的信念光照到校园中的每个孩子。

在活动中学习，实现学生的持续成长。

我认为在学校里，"活动"是有目的、有组织的"玩"，有意思、有吸引力、精挑细选的活动会对孩子当时或以后产生积极的影响。银杏树是我们的校树，它的树语是思乡与坚韧，这寄托了我们对于孩子的殷切希望，希望他们以后不管走到哪里都记住自己的根在哪儿，希望他们做事情要坚忍不拔，不管学习还是工作生活都能够坚强勇敢。在校园的一个绝佳位置我们专门设置了一片"成长林"，每年九月入学的孩子会在来年的植树节以班为单位，在这里种下一棵银杏树，所挂的铜牌上一面是孩子们为树取的名字，一面是班级所有孩子的名字，他们在六年中呵护小树，和小树共同成长。这样即使他们白发苍苍、即使他们身处异乡，回到这里时也能找到他们的足迹，能寻到他们的根。

二、对外交往文化：自信亲和 开放自主

对外交往文化是学校与家庭、社区乃至社会的联系合作中所形成基本理念、方式方法等内容。我们从自身的办学理念和文化特色出发，积极整合外部环境，为孩子的绿色成长创设一个宽松、和谐的空间。我们的对外交往文化的主题为"自信亲和，开放自主"。为了更好地践行这一主题，我们充分利用社会平台和社区平台，构建家长平台，从而为开展对外交往活动奠定坚实的基础。在具体举措上，我们在以下三方面努力：

完善机制，达成育人共识。

完善家委会机制。我们制定家委会章程，成立领导小组，以"五三一"比例分层设立班级、年级、校级执委会。其中校级执委会共设五个部：课程资源部发掘家长和社会资源，参与学校课程建设与实施；建议部负责搜集家长的意见和建议，完善学校管理；活动部主要是招募、策划、指导家长志愿者参与学校活动；教育部主要对学生和家长进行多种形式的教育工作；宣传部重点做好家校协同育人活动的宣传报道。大家各司其职，每位部长学期末都要进行述职，互通有无；定期进行换届选举、建言献策、反馈总结；每学期表彰"家长翡翠之星"。

办好家长学校。学校每年一次通过"家长学堂"对家长进行通识培训，还提供形式多样的个性化服务指导。比如开设"祖父母学堂"，当前隔代抚养的情况逐渐增多，但是问题也显而易见，为了达成教育共识，找到更适合的教育方法，学校通过互动吧平台让祖父母自愿报名，针对"孩子磨蹭""不能自理"等焦点问题开展讲座、主题交流活动，满足祖父母的个性化需求，深受老人们的欢迎。针对入学、毕业等特定时期学生出现的行为、心理等问题，开展"快乐家庭学习苑"活动，每周三下午，在"家长心苑"，不同校区、年级的家长齐聚一起进行沙龙式研讨。成员从最初的二十几人，已经发展到现在的二百余人。针对一年级新生家长，发放入学通知书的时候一并发放学校研发的《走进我们的家》指导手册，让孩子与家长提前了解学校，做好入学准备。

参与管理，形成育人合力。

开展志愿服务，共同参与管理。家长组建"志愿服务队"参与学校管理。校门口执勤、班内消毒、体育节策划、联欢会组织、外出实践助教等，层出不穷，家长还和孩子们共同参与"志愿北京服务平台"活动，在参与活动中他们在付

出的同时，也由衷地表示：教师真是太不容易了！这无形中增进了家长与教师之间的相互理解。

开设家长讲堂，丰富课程主体。每学期，根据学生年龄特点，针对当前时事、热点话题、学生兴趣等，请家长作为课程主体为学生开设多彩的拓展课程。学校成立十年间，开设近千场家长讲堂，深受学生喜爱。不同层级的讲堂活动拓宽了学生视野，增长了见识，丰富了"绿野仙踪实践课程"，让家校共育走向了更深处。如三年级主题实践课程主题为"热爱祖国"，在家长讲堂环节，中国人民抗日战争纪念馆的程皓博士，为孩子们介绍抗日名曲《大刀进行曲》的创作始末；周恩来总理生前最后一任秘书纪东将军为学生讲述周恩来总理的故事，极大丰富并提升了课程内容。

多向沟通，共创育人佳境。

畅通渠道，建立调处机制。学校敞开大门，畅通各种渠道让家长能够更好地了解、理解、支持学校。开展"校长家长面对面""校长接待日"等活动，创设多种渠道与家长面对面交流，宣传学校育人理念，聆听意见和建议。每学期，既开展面向全体的"家长开放日活动"，也开展家长代表参与的"学校考察活动"，家长们走进校园的每个角落，和干部一起与学生共进午餐；"课后330"、食堂、校服等招标工作，都请家委会成员进入评审团队，促使家长由服务者、教育者逐渐向管理者甚至决策者转变。学校实行"一站式服务"，公开所有职能部门电话，对于家长的诉求，由对应部门直接受理，及时消除隔阂和误解，确保家校关系走在和谐融洽的轨道上。

入户家访，密切家校关系。在入户家访工作上，凸显扁平化管理，每个领导班子成员负责一个年级，班主任和科任教师全员参与。普访与专访相结合，明确家访的原则、内容及注意事项，关注细节，为每位教师配备了鞋套。有这样一个案例：一名学生，因先天性漏斗胸做了手术，班主任得知后，立刻进行家访，去看望孩子，了解病情及需求等；随即在第二次家访时，带着全班同学亲手制作的"早日康复"祝福卡和视频，让孩子在家中观看。一年后在"校长学生面对面"时，这个孩子说：手术后，身体疼痛难忍，但看到老师以及贺卡、视频时，疼痛缓解了很多，到现在想起来还很感动。

经过十几年的实践探索，"绿色成长"文化形成了独特的价值取向、系统的结构组成、稳定的功能和丰富的文化内容。一次次的头脑风暴，一次次的实践反思，查阅了数以千计的资料、书籍，以至于说的梦话都是绿色成长，这是一个充满艰辛却又激荡人心的过程。它就像我们孕育出的一个新生儿，寄予着我们所有人的希望，与我们每个人一起慢慢成长、壮大。

教育纵贯线

办公室是我们的第二个家

办公室文化建设是打造团队精神的一个重要方面。我们以年级组、教研组为单位划分办公室，根据学校自主管理理念，采用自治方法，突出学科特点、年级特点建设办公室文化。在这个过程中大家群策群力，一起布置心仪的环境，一起商议班级特色的打造，一起研讨教育教学中的疑难问题，一起高效率地完成日常事务。

每到开学初在室长的带领下大家就忙活开了，从规划采购到动手操作，将心目中的"理想家园"呈现在同伴和孩子们面前。在设计中老师们总有智慧的火花闪现，总是充满激情，诠释着对生活的热爱和对梦想的追求。有时候更是让人忍俊不禁，他们"密谋"设计方案，布置时门外有一个"放风儿"的，怕有其他办公室偷窥，那种童心的自然流露着实可爱；展示时有的组编出了优美的诗句来介绍他们的设计意图；还有的更夸张，居然找来了饭盆儿、水果盘，打着节奏说着顺口溜介绍；大家在笑声中转过十几间办公室。他们各具风采，有的突出了"家"的氛围，摆上圣诞树与中国结；有的用整面墙做一个"翡翠七星"的栏目，不同颜色的英文单词浓缩了他们的个性追求；有的用一些小花小草、字画凸显出精致典雅。但是共同的地方是每个办公室都有一些名言诠释出他们对于教育的理解，比如"用爱和智慧托起明天的太阳""取至高之境，开独造之域""目中有人，行中有样，言中有意，教中有新，心中有情"等。就像一顿大餐，色香味俱全，让大家回味无穷，在这样的环境中工作，怎能不心情愉悦、才思泉涌？人在最放松的时候才易有智慧的火花闪现，并能保持工作的最佳状态，这个空间属于教师，这个地盘他们说了算！在互相的观摩与交流中，大家笑着、品评着，那种自豪感是显而易见的，他们爱这个小家。

数学组办公室体现数学学科的特点，一面墙是从"形"上体现：一棵大树象征着几何知识的整体，从树的根部起分别是点、线、面、体的各种具体表象。树下是加减乘除的四种运算符号，涵盖了小学阶段的基本运算。东墙与西墙对应着一副对联："点线面体勾勒大千世界，加减乘除演绎无限苍穹""孜孜不倦画大小方圆，一丝不苟论是非曲直"。对联中间的向日葵象征着孩子们朝气蓬勃的学习生活。

三年级办公室突出学校的办学理念，整面墙壁都是《绿野仙踪》的宣传画，他们说，我们的办公室文化，首先想到学校和我们要走向哪里，体现我们的追求，还要考虑孩子们的感受，让他们喜欢。

四年级办公室没有大的标语口号，看似随意，无主题，实则内涵丰富，只是需要用心感受。他们说墙上的画具有深意，意思是为孩子们打开一扇心灵之窗，同时时刻提醒自己要走近他们的内心世界，去了解、关爱、欣赏他们。循着窗子向外望去，一条小路径直伸向远方，这条路被绿色包围，意为学生在绿色成长教育理念下走向更远的明天。一个小小的办公室设计竟然倾注了教师们这么多的智慧，只有热爱工作与生活的人才会有这样的创造力！

办公室文化是学校物质文化的冰山一角，办公室就是教师们的"贴身空间"。一个温馨、个性十足的环境更能让教师心灵安静、舒畅，提高工作效率。其实每做一件事情，它的起跑、途中与冲刺同样重要，就看我们怎么去挖掘使用了。小小的办公室文化里原来蕴含着这么多的智慧，教师们在设计与操作的过程中，更加深刻地领悟着学校主体文化和梦想追求。

第五章 「绿色成长」文化的落实

　　学校文化需要精心策划，细心培育。首先校长要努力学习，了解学校的历史，挖掘学校的优秀文化传统，学习当前的形势和教育理论，认真思考办学思路，策划学校文化的建设，提出设想，和全体师生共同讨论，形成共识，然后精心设计，共同努力，把理念化为现实。学校文化建设不是校长一个人的事，而是师生共同努力的结果。师生要积极参与，努力实践，在实践中不断总结、提炼、充实。

——顾明远[1]

　　学校文化的规划设计虽然不易，但其落地生根尤其是"内化于心、外化于行"就更难；规划设计是1，而落实和践行就是在1之后加0，加多少个0，就意味着文化效果的"数"有多大。记得有一位校长曾问我：刚建校的时候你想过学校会有现在的发展吗？我一时语塞，真的是没有想到，但是我能确定的是：来到翡翠城的几千个日子我们没有一天是虚度的，每一天都在认真地思考、实践。而每当我们坐下来思考我们有哪些成绩的时候，我们才发现自己真的没有做什么轰轰烈烈的大事，我们每天做的事情太过琐碎：上好每一节课，判好每一份作业，做好每一次家访，办好每一次活动。然而，正是这些看似平常的小事，汇聚成了丰沃的土壤、充足的水分和温暖的阳光，滋养"绿色成长"文化这棵小树长成为枝繁叶茂的大树。由此可见，学校文化的创生，更为重要的是它的落地生根。对于"绿色成长"文化，我们把更多精力放在实施层面，从思想上、计划上、动力上、资源上多维度切入，予以全面而深入的落实。在这个过程中，"绿色成长"文化向我们敞开了一扇五彩斑斓的大门！

---

[1] 顾明远.论学校文化建设 [J].西南大学学报（人文社会科学版），2006(5)：67-70.

第一节 思想引领与群体共识

学校文化的具体落实，首先需要强有力的思想引领和牢靠的群体共识。因为文化实践归根到底是人的实践，是集体的行为，而在集体实践中，必须有明确的前进方向和共同的行动方式，才能取得有效的进展。苏霍姆林斯基说："领导学校，首先是教育思想的领导，其次才是行政上的领导。"2018年我有幸入选教育部名校长领航工程，我的导师严华银和季春梅不止一次说过："真正卓越的教育思想，一定是共性与个性的统一、一般与特殊的统一、坚守与开放的统一；真正优秀的教育思想，一定切近人性、尊重科学、符合规律，一定指向道德、关乎人格、追求情怀并合于教育的本真价值。"[2] 一名优秀的校长，应该具有鲜明的教育思想，并不断提升领导力，引领和推动师生群体形成共识，去实现既定的愿景和目标。

一、校长展现文化领导力

学校文化的落实，首先需要校长发挥文化领导力。校长的文化领导力，实质上就是在文化层面的指引力和影响力。就校长与学生的关系而言更多的是一种间接的教育关系，中间要通过教师群体来实现；就校长与教师的关系而言，校长不仅自身要与时俱进、不断进步，还要教育他人，引领教师不断成长。

（一）责任与使命：学习引领，率先垂范

终身教育理论的奠基人法国教育家保尔·朗格朗，在具有世界影响的《终身教育引论》中指出终身教育"是完全意义上的教育，它包括了教育的所有各个方面、各项内容，从一个人出生的那一刻起一直到生命终结时为止的不间断的发展，包括了教育各发展阶段各个关头之间的有机联系"。[3] 现今是一个学

---

[2] 严华银，季春梅，回俊松.教育家型校长的"立言"之道 [J].中国教育报，2019.12.18（7）.
[3] 保尔·朗格朗.终身教育引论 [M].周南照，陈树清，译.北京：中国对外翻译出版公司，1985：15.

习化的社会，学习之于生活，不再是一个先行的准备阶段，而是贯穿生命始终，成为我们生活的一部分。

校长身为教育者和管理者，尤其迫切需要树立终身学习的理念。校长不仅需要不断吸纳、内化、运用先进的教育思想和观念，还要带动团队，建立学习型组织，这是时代发展与职业特点赋予的一种责任与使命。

1. 读书学习引领

有效的学习具有一定的深度，在必要的时候能够运用已学的知识。笔记本电脑是我最亲密的伙伴，无论走到哪里它都跟在我身边，那里面有我近二十年的思考，大概有上百万字的记录！每个文件夹分类整齐，计划总结、游记、会议记录、读书摘记、工作随笔、发言讲座、稿件等等，一应俱全，清晰地记载着我这些年的思维脉络与成长足迹。在写第一本书时我只用了一周时间就完成了十一万字的初稿，这完全得益于这些积淀。

读书学习是一个内省的过程，将自身的学习积累活学活用到工作中才是根本，只有和实际生活相结合才能让这些知识活力四射、放出光彩。从建校之初，我就根据学期工作主题，每月与大家分享"校长正在读的书"，不定期的以"校长推荐学习材料"的方式向干部教师推荐一些相关文章，有时会在推荐文章的边角写出自己的所悟所感与大家分享。这已经成为我对教师展现思想引领的一个有效举措。我曾经向大家推荐过陶西平老先生的《返璞归真》《改革发生在课堂上——关于课堂文化建设问题》《要研磨学生》、华应龙老师的《好课要舍得"浪费"时间》、叶翠微校长的《老老实实"把学生当学生"》等精彩文章，通过推荐好书好文引起大家的深度思考。我们在阅读积累中变得厚重，在讨论反思中变得智慧，就像水滴石穿，时间越久，所得就越多。只有心感受到了眼睛才能看到，才能用敏锐的目光去发现身边或细微或壮观之处，进而不断完善自我。

2. 现场学习引领

"读万卷书，行万里路"，我们的学习很多时候是在现场中进行的。每次外出我都会写游记，对名胜古迹有感而发，对自然奇观由衷赞叹，当然更多的是对比当地教育与自己学校的异同，归来后就会在对比中有所行动。

北京第二实验小学是京城名校，有着深厚的文化底蕴，其"双主体育人"的理念深入人心。干部教师专业精湛，举止优雅，做事平心静气。李烈校长是中国教育学会副会长、中国教育学会小学教育专业委员会理事长、中国小学校长中唯一的国务院参事,她一直是我心中的偶像,以前只是通过她的著作和媒体报道了解她、感知她,由于区里的"名校长工程",我有幸成为她的学生,终于有机会走到她身边。

每天早上六点,我从家出发,先乘快速公交、再转乘地铁,历时近两个小时到达实验二小,开始一天的"影从"生活。李校长笑言:"文凤除了上厕所不跟着我,其余时间与我形影不离。"李校长的工作日历上密密麻麻地排满了事情,几乎没有闲暇时间,有时午饭就在车上简单吃一点,马上又赶去下一个会场。跟着她学习的那段日子,每天时间都过得很快。

我一般晚上六点左右离校,回到家吃完饭后,就马上坐到书桌前,把一天的所见所闻、所思所感记录下来。我的学习笔记主要包含以下几部分:挂职纪实、精彩瞬间、对比反思和要请教的问题四个环节。每天晚上,我都把白天没时间与李校长进行充分交流而自己又感到很重要或困惑的问题记下来,第二天再找时间向相关人员请教,把它们一一弄明白。

按照这几个环节写下来,每天的学习笔记有数千字,伴随我入睡的常常是子夜的钟声。每天早上,我都会向李烈校长交上我前晚完成的"自主作业"。几天以后,李校长动情地说:"文凤,我都心疼你了!你这样太辛苦了!这样下去,你从这里离开时,都可以写一本书了。"正如李校长所说,短短八天的学习,我写出了四万多字的学习笔记。我感觉自己离教育的本真越来越近,越来越知道自己要做什么事、应该怎样做事。每当看到李校长处理事情时,我总会想:如果我遇到类似的事,会怎么处理?把别人的思想和做法简单地拿来是苍白的,是没有生命力的,只有融入自己的思考,结合自己的实际,才能使之焕发出奇光异彩。

3.项目学习引领

从2000年初到现在,我分别参加了大兴区首批名校长培训班、北京市首批名校长培训班和教育部名校长领航班的培训,这三个持续十年、无缝衔接、拾阶而上的项目学习班,让我脱胎换骨,有自信、有能力始终围绕"绿色成长"文化想事、做事。

特别是教育部领航班的学习,我的站位更高、视野更加开阔。在江苏基地,通过规划导航、理论研修、名著选读、名校寻访、建工作室、汇报展示等各种形式的培训,我的实践理性、实践自信、实践自觉和实践引领各方面都得到了全面提升和发展。基地不是一味强调理论优先,更注重我们真实的教育生态和实践自信；也不是一味强调实践优先，更注重我们对已有教育理论的理解与继承。

在培训中我们识高人、访名校。严华银教授的睿智，季春梅主任的通透，回俊松博士的大智若愚；我的同学卫东的洋洋洒洒，伟杰的机智幽默，丽辉景菲的家国情怀，晓川的敦厚执着，华联的周到细致，王琦的真诚憨直，镜峰的特立独行，这是一个温暖，快乐的家，更是一个胸怀家国，创新进取的团队。在这个团队中我们互相支持、互相鼓励、共同提高。时代的发展使团队合作显得尤为重要，学校的发展更是离不开校长的精诚团结，每当遇到大事不管中小学校长我们能够坐下来一起商议解决，力求达到最好的发展效果。特别是严华银教授，他的学识渊博，更为重要的是他的家国情怀以及思想高度，在错综复杂中的淡定与从容，执着于自己所爱的教育，坚守自己的追求。他于日常交流中让我领悟了更多做人、做事的真谛；李政涛教授治学严谨，只要到北京一定抽出时间到我的学校，听我的办学思考，参与我们的教育教学活动，并给予切实的指导；孙双金校长儒雅智慧，不仅接待我们多次到校学习，还在百忙之中抽出时间来到翡翠城为孩子们现场上课，为干部教师指导；彭钢教授、张新平教授虽然不是我的导师，在学校三年发展规划、办学思想凝练等方面给了我很多无私的帮助。导师的人格魅力不仅影响我的现在，也将会影响我今后的职业生涯。

学习无处不在，只要留心一切皆为资源，只有校长率先垂范，多读书、多交友、多旅游，在做中学，在思中悟，才能够引领着干部教师成为具有无穷潜力的学习型团队。

（二）教育与教学：教学引领，不离课堂

在学校管理中，校长要全面统筹协调做好各方面工作，但是必须要牢固树立的就是——教育与教学是学校的中心工作，校长要经常深入教育教学一线，以自身言行引领干部教师关注课堂。校长作为教育者的底线应该是"常听课，会评课"，"进得了课堂，讲得出名堂"。通常校长进课堂听课的标准定位应该在于抓理念，把握方向。做校长二十余年，我一直任大兴区的学科带头人。每学期听课百余节，坚持"道德与法治"的学科教学。

作为校长时刻和教师、孩子在一起，才能发现真问题，解决真问题，这本身就是一种示范引领。在听课时，了解教师的教学状况，看看班务管理情况，更重要的是看看孩子们的学习状态，在有限的四十分钟里，孩子们到底收获了什么？通常教师们都很关注孩子们显性的收获，比如当堂学习的新知识，孩子们的常规表现等，这些易检测，好补救，但是在课堂上我还发现一些被忽视的隐性问题。

案例一：

一年级数学讲授找规律，最后检测时教师准备了习题卡让学生找规律涂颜色，教师巡视孩子们的掌握情况，然后集体订正，从课堂环节来讲这无可厚非，但是在孩子们涂颜色的过程中我观察到一个细节，坐在我身边的几个孩子有不同的表现。

男甲：拿出红色的笔，先观察，然后按着规律将所有红色的部分都涂上，再拿出黄色的笔将剩下的空余部分涂完。他涂在方格中的颜色不是很均匀，只是涂满即可，他第一个完成了任务，坐在那里等大家。

男乙：观察后，拿起红色的笔涂完放下，再拿起黄色的笔涂完再放下，就这样依次完成所有涂色。涂色不是很均匀，在规定时间内完成了任务。

女甲：观察后，拿起红色的笔涂完盖上笔帽儿，再拿起黄色的笔涂后盖上笔帽儿，如此依次反复涂色。她涂在方格中的颜色非常细致均匀，在限定的时间内她只完成三分之一的涂色任务。

当老师说停止涂色订正的时候，我估计了一下大概有五分之一的孩子没有完成任务。

在课后研讨时我向教师们提出：涂色的方法不在知识考核范围内，这是一个非常易被教师备课讲课时忽视的细节。但是试想一下，那个女生在没有方法指导的情况下，每节课落下一些，长此以往，是不是我们眼中所谓的学差生就慢慢产生了呢？我觉得教师应该在备课上下足功夫，这不是挂在口头上，而真应该是静下心来揣摩、推敲、分析才能避免的。教给孩子们学习的方法远比传授知识本身重要，这些被我们无意间忽视的东西，却恰恰是在孩子们的未来用处最大的。只有一个头脑清晰，做事有条有理、讲究方法的孩子将来才有竞争力，它是孩子们成长的基础。

案例二：

美术课剪贴彩蝶。课上教师介绍完蝴蝶文化以及彩蝶的剪贴方法以后，学生每四人一组合作剪贴两只彩蝶。孩子们画、剪、贴，默契配合，很快各组的蝴蝶就"飞"到了老师黑板上画的小草与鲜花丛中，但是在孩子们剪贴的过程中我又发现了一些细节。

甲组：负责剪纸的同学先剪了一只黄色的蝴蝶，又剪了一只绿色的蝴蝶，然后用边角料剪蝴蝶上的装饰。

乙组：负责剪纸的同学分别剪了一只黄色和一只红色的蝴蝶，又拿出绿色和紫色的纸剪装饰。

在课后交流时我向教师们阐明了自己的观点：我们都说在课堂上渗透德育，这节课可以进行非常好的节约教育："我们剪下蝴蝶后，能用的边角料不要轻易扔掉，可以小组之间穿插使用，也可以留在以后的剪纸课上继续使用。别让这些美丽的纸躺在垃圾桶里，这样太可惜了。"其实教师的适时点拨，就能让孩子们收获受益终生的好习惯。正是通过这样对隐性问题的细节点拨，我把"绿色成长"的理念不断传递和渗透给教师，使他们在教育教学中不断予以实践和思考，从而成为学校文化的良好践行者。

（三）信仰与追求：思想引领，文化育人

学校文化是一所学校综合素质的体现，是学校成员的行事方式，也是全校师生共同的信仰与价值追求。刚刚接手一所新的学校，校长首先要做的就是综合分析学校内部构成和外部资源，进行准确的定位，做到心中有数，在这个基础之上才会有校长整体的布局与谋篇。校长思想引领是以正确、独特的学校文化定位作为支撑的。我感觉校长就像树根隐而不露，将自己的思想、理念输送给师生，从而在校内形成一种氛围，一种场，促动大家自觉遵守规范，用行动践行。校长的办学思想又是学校发展的魂，虽然看不到，但他的思想、他的影子却可以在每个教师的身上找见，每位教师都知道所身处的学校要到哪里去，要用什么样的方法去做事、想事。只有这样才能达到校长思想的引领，文化育人，育在潜移默化中，育在无声之处。

校长领导的最高层次就是对于学校未来的发展有很清晰且具体可行的图景，并且能得到全体成员的信任，共同向目标迈进。身为校长，我感觉自己就是同伴中的一员，是平等中的首席。在办学中，掌控大环境，创造出一种充满可能性的空间，这样教师们就会跃跃欲试，所得到的成果定会出乎意料，超出期望。

二、达成群体共识

除了需要校长发挥文化领导力，学校文化建设更需要全体教师的认同和支持。只有全体教师对学校文化定位达成共识，才能有效地进行合作，形成文化

建设的完整"拼图",从而将该文化定位和相关工作落实到位。对此,我们在以下三方面努力:

（一）将教育梦想化为自身需求

以"绿色成长"为核心构建起来的文化体系就是我们追求的教育梦想,它是我们心中的灯塔。翡翠城——梦开始的地方,全校师生在这里一起追梦、筑梦、圆梦。实践证明,学校正是因为有了与众不同的办学思想和坚持不懈的努力,才焕发出了勃勃生机。在寻梦的过程中,沉稳的心境、扎实肯干的作风尤为重要。教育来不得半点虚假,来不得半点马虎。学校的发展不管是在艰辛的创业阶段,还是在发展中的爬坡阶段,都必须要有定力,不为外界浮躁的环境左右,静下心来探索,戒浮躁,戒做表面文章。既要有老黄牛的务实踏实品质,还要有骏马的雄健与洒脱,敢于创新,把教育梦想化为每个人的发展需求。

"五四"青年节是青年教师的节日,学校里 30 岁以下的教师占到 70%,所以每年我们都要安排一些活动,或是沙龙漫谈,或是外出拓展,或是进行陶艺、插花体验。有一次在大家漫谈时,财务室出纳玲玲给我留下了很深的印象,她拿着一块小黑板,上面书写着三个公式,她讲道:我从网上看到三个公式,觉得应该带给大家:

公式一：$1 \times 1 \times 1 \cdots\cdots = 1$

公式二：$0.9 \times 0.9 \times 0.9 \cdots\cdots \approx 1/3$

公式三：$1.1 \times 1.1 \times 1.1 \cdots\cdots \approx 3$

从这三个公式中我感觉到如果我们团队中的每个人都认真做好本职工作,那收到的效果是 1;如果每个人的工作稍微打一些折扣那收获就会大大降低;如果每个人在做好本职工作的基础上,多出一点力,那学校的整体工作效果就会成几倍增长。我希望我们每个人都为学校多付出一些,让我们的学校更加美丽。一个财务人员用数据阐明了她对学校的爱!这不是外部的规范,不是强加给教师的,而是教师内心的渴求,这是对教师最大的尊重与信任,也是学校"绿色成长"文化的一种渗透与显现。

（二）将学校文化追求化为自身要求

"一所学校,如果没有共同的价值观念,没有共同的文化管理模式,没有共同的发展目标,那就会是一盘散沙。"[4]共同的价值观会让教师们对学校产

[4]　陶然.学校文化管理的新思维 [M].北京:中国人事出版社,2005:53.

生极大的仰慕和忠诚，这种心情常常转化为努力而卓有成效的可持续工作；同时只有每位教师将价值观化为自身发展要求，才能使价值观落在实处，更加凸显其作用。学校的价值观使每个成员产生一种使命感和责任感，每个师生不再是被动地服从而是主动地参与，主动关心学校的发展，关注同伴的发展，把自己的命运同学校的发展紧紧地联系在一起。

学校里的党员教师占到了51%，我们提出了"一个党员一面旗帜"的口号，号召大家在各自的岗位上以自身的言行践行学校文化理念。为了让孩子们每天一到校门口就感受到学校的温暖，我们在门口设立了"党员先锋岗"，每天早上党员教师们轮流在校门口迎接孩子们的到来，为他们正衣冠，并解答家长一些问题。

有一次一位年轻的女教师值岗，一个男家长突然从马路对面冲过来冲着她大嚷，大概意思是，他的孩子见到老师深鞠躬，老师为什么只是点头示意？学校不是倡导师生平等吗？教师也应该给孩子深鞠躬回礼。这位家长指着教师一直在喊叫，容不得教师说一句话，那位女教师一直微笑着听他说，后来我们的带班领导将家长请到办公室，待他平静下来后，和他讲清师生平等具有更深层的含义，并不仅仅是他所理解的简单的仪节等同。后来了解到那位家长是一位博士，因为生意场上失利心情异常烦躁，就把火气撒到了教师身上，他也很后悔自己的言行没有给孩子做好榜样，并请求教师原谅。

事后我找到值岗的女教师对她说：你那天受委屈了。她平静地说：校长，这没什么，我当时就是想我站在学校门口，代表的就是翡翠城，如果不理智和家长争吵，毁坏的是翡翠城的形象，还有那么多家长看着呢。这些朴实的话语我至今记忆犹新，这些可爱的老师们在小我与大我的抉择中总是能够顾全大局。

当然，学校文化追求要变为教师的自身要求，这中间还有很长的一段路要走，是需要时间的，我们不能操之过急。只要用心引导，教师们会在一点点的积淀中慢慢形成的。

（三）将绿色质量化为自身追求

联合国教科文组织国际教育发展委员会在《学会生存》中指出：把一个人的体力、智力、情绪、伦理各方面的因素综合起来，使他成为一个完善的人，这就是对教育基本目的的一个广义的解说。绿色质量是绿色成长教育的魂，它是真正的生命质量。我们的教育首先承认学生是一个生命个体，是一个完整的人，他们有思想，有其成长规律。不论是教师的专业发展还是学生的成长，一定要从整体入手，最终落在健全人格的构建上，这才是教育的终极目标。

"大家不同，大家都好。"[5]这话说得多好！如果每个教育者都能够以这样的标准看待学生，定会让学生的成长过程充满幸福与本真。我们知道，有史以来的绝大多数学校都是统一制式学校，教育所有的学生都采用相同的方法和相同的内容，对学生的评估也采用完全相同的方式。这种教育方式表面看起来是公平的，因为对待每个人都是平等的。但是这种教育方式在本质上却是不公平的，因为孩子们毕竟不是流水线加工车间生产的整齐划一的零件，他们各不相同。"绿色成长"文化提倡多一把尺子衡量师生，而非学业成绩一把尺子。早在1983年，美国哈佛大学心理学教授加德纳就提出了"多元智力理论"，指出我们每个人的大脑至少由8种智力构成，他所提出的"多元智力理论"既向传统的智商测试提出了挑战，又为我们的多元评价提供了依据。对于学生的评价每多一把尺子，就会多出一批好学生。每个人的强项各不相同，教师要尽可能多地去了解每名学生的学习强项和特点，并利用这些信息，创造出适合每个孩子最理想的教育。没有不行的孩子，只有不一样的孩子。

绿色成长教育要求教师时刻关注孩子的全面健康发展。绿色质量的取得，需要有坚定的信念、智慧的方法、科学的评价，这是绿色成长教育的必然要求，是我们追求的育人目标的具体细化，也是教师工作的指导纲领。

教育纵贯线

读书学习是教师的必修课

学习是一个广义的概念，它渗透在我们生活的各个角落、各个时间点，只要留心，处处皆学问。每天教师们的时间总是不够用，总有备不完的课，改不完的卷子，教不完的学生，给家长打不完的电话。正因为如此，只要没人要求，教师一般不愿挤出时间进行自主学习，因此这需要学校里有团队互助的氛围、有相应的交流平台和促进教师有效学习的策略，促使教师通过多种渠道去主动学习，真正做到"给学生一杯水，自己要有长流水"。

莎士比亚说："生活里没有书籍，就好像没有阳光；智慧里没有书籍，就好像鸟儿没有翅膀。"清光绪二十四年（公元1898年），两江总督端方在南

---

[5] 金子美玲.金子美玲全集之寂寞的公主[M].阎先会，译.北京：中国戏剧出版社，2012：95.

京创建了中国最早的公共图书馆之一——江南图书馆。他说：窃维强国利民，莫先于教育，而图书实为教育之母。书籍是学校中的学校，对一个教师而言，读书就是最好的备课，苏霍姆林斯基认为读书不是为了应付明天的课，而是出自内心的需要和对知识的渴求。一个不爱读书的教师怎么能够教出爱读书的学生？因此我校把教师的读书交流与引领，作为主要的校本培训方式。教师在读书交流中与自己的教育教学实践相结合，反思内化，变为行动，有效地提升了理论水平与实践能力。

我们让教师从三个层面进行读书分享：

"会前十分钟"。每周的行政会议开始时，拿出十分钟学习精彩文章。每周一个成员主持，会前打印好下发给大家，并结合自身工作加以解读。我曾经推荐过一篇文章叫《别让"情感吸血鬼"偷走能量》，告诫大家每天喋喋不休的抱怨、牢骚会一点点地侵蚀我们的好心情，使积极的生活态度晃动，这些"情感吸血鬼"导致人心涣散，影响整个工作氛围。号召大家为了身边的朋友与学校的发展，首先不做这可怕的"吸血鬼"，但是对于同伴的困难要予以关心、宽解。如果真的遇到了这样的"吸血鬼"，就要站在坚定的抵制立场，不要让消极的言论剥夺了自己对阳光的追求。加之那醒目的吸血鬼照片一下让大家对于日常工作中的那种"小嘀咕"引起了高度重视，意识到后果的严重性，这对于形成简单和谐的工作氛围起到了引领作用。干部的导读文章涵盖课程、文件解读、新理念、新视角等各个方面，大家都可以从中受益。

"同读一本书"。在翡翠城建校之初，我们确定了自主发展的管理基调，但是干部教师来自不同学校，依然还留有以前学校的影子，如何统一大家的思想是非常重要的一环，我们依靠的就是读书交流。当时我们共同读了袁贵仁的《马克思的人学思想》、周韫玉的《自我教育论》和叶澜的《新基础教育论》，其中第一本是我领读的，后面两本是班子成员通读的，读完后我们又一起研讨交流，然后组织全校教师研读，这一轮下来干部教师在理论层面对于自主管理有了一个背景认识，实践起来就比较有底气了，十几年下来自主管理理念已经深入到校内每个人的心中，大家的积极主动性得到了最大限度的发挥，使得学校呈现出了勃勃生机。为了提升干部的整体理论水平，我们"每月同读一本书"，如《芬兰教育全球第一的秘密》《第56号教室的奇迹》《学习的快乐——走向对话》等，每到交流分享的时候，大家都滔滔不绝，所分享的内容也与学校理念、自己的工作结合得非常紧密。

"读书分享会"。大家的爱好五花八门，读的书也包罗万象，假期里我们基本不限制教师读书种类，让教师自主选择阅读。开卷有益，教师的读书和学生的读书有相似之处，先让他们有读书的兴趣是最重要的。每个学期初大家分组一起进行读书分享，从建校一直坚持到现在，教师们的读书热情也日益高涨。

我们定了上百种报纸杂志，不是罗列在图书馆，而是分散到每个办公室，使得教师们可以利用零碎的时间随时阅读。日积月累坚持下来以后，干部教师的理论水平都在慢慢提升，他们由开始怕写文章到现在的频频获奖与发表，更为可贵的是这种理念直接显现于课堂之上，使得我们的绿色课堂更加自主、自然、和谐；教师们的自身修养也慢慢显现出来，来到学校的人都说我校的教师很优雅、有气质，我想这和书籍的浸染应该有很大关系。

第二节　制定规划与适时调整

要长远而持续推进学校文化的落实，就需要对学校文化的发展进行提前的规划设计，并根据实际情况的变化进行适时而得当的调整。发展规划是一个重要的管理工具，对于组织文化的长期实践和有效落实具有重要的意义。因而，学校在不同的发展阶段应该制定切实可行的发展规划，使得学校发展的各个阶段实现无缝衔接，呈现螺旋式上升的态势，从而实现学校的可持续发展。

一、规划与设计

学校文化的发展是依据社会变革和时代发展不断调整的，所以每三年或五年就要做一次学校发展规划，分析现阶段存在的问题和规划未来的发展方向，通过解决主要问题和明晰发展路径推动学校发展。在规划设计中，我们着重把握以下几点：

准确定位发展现状。每到一定的时间节点，我们会对影响学校发展的各种因素做诊断，邀请专家，社区、主管领导和学校的干部、教师、学生、家长一起共同为学校做体检，开展不同层面的调研、沙龙活动，准确定位发展现状。通过这样的调研，既搞清"我们现在走到了哪里"和"我们走得怎么样"，更为重要的是弄清"下一步我们该如何走"。

明确共同发展目标。学校发展不是个人行为，而是团队行为。通过全校教师上下联动，在调研、研讨、制定规划的过程中，引导全体师生达成共识，形成学校、教师、学生三位一体的发展共同体。我们每次做学校发展规划的时候，都是把个人、部门和学校发展规划融合在一起制定，先是校长结合自身实际和学校所需制定出个人发展规划，然后班子成员据此制定个人规划，后续依次是组长和教师，每个人都明确了自己的短期发展目标。在这个基础之上，我们开始着手制定学校发展规划，用头脑风暴的方式，将自己的发展与学校发展结合起来，分"理想中的学校""理想中的翡翠城孩子""翡翠城教师画像""我们面临的挑战与问题"等几块内容分组研讨，大家各抒己见，然后再进行汇总整理，形成共同愿景。

确定学校优先发展项目。学校发展的每个阶段重点工作不尽相同，我们会在关注整体的基础之上确定两三个重点发展项目，而项目的确定，一方面考虑凸显学校办学特色，另一方面也考虑避免出现学校发展的短板，影响整体的发展水平。

形成学校发展规划文本。一般情况下，我们都是各部门负责人形成各自文本，校长汇总、形成总文本。文本大概包括五个部分：学校发展现状分析、学校发展定位与目标、学校发展的重要项目、学校发展的主要工作、学校发展的保障措施。

二、调整与变化

学校发展规划能够促进学校的长远发展，为学校的持续发展提供内生动力。规划一旦确定，每个学年末都要对标对表，不折不扣地予以落实。但是很多时候计划赶不上变化快，我们在实际工作中可能会遇到各种不确定因素，因此还要随时根据实际情况变化调整规划，以期使规划发挥出应有的作用。

下面以课程建设为例，介绍我们是如何调整规划促进发展的。翡翠城自2008 年成立以来，一直都致力于学校的内涵发展，在课程建设上做了很多工作。2008 年到 2014 年的六年间，建立了"翡翠城多维校本课程体系"（见图 1），这个课程体系的特点有两个：其一，环境文化作为隐性课程存在其中。新建学校环境文化从零起步，在那个历史阶段，把环境文化纳入到学校的课程体系之中，使得目标更加明确、思路更加清晰，整体规划，逐步推进，在几年的发展中学校的环境文化成了一张无言的教育名片，深受师生的喜爱。其二，校本课程的开发与实施奠定了学校的发展特色。在"自主开发"课程中，以《绿野仙踪》中的几个主人公命名，涵盖 60 余门必修、选修课程。特别是必修课程，教师们针对学情和学校的培养目标，投入了大量的时间和精力，确定课程纲要，编写校本教材，几年中实践、修订、再实践、再修订，15 本校本教材逐步趋于完善，有的已经结集出版，这些都是教师集体智慧的结晶。而钢琴、篮球、葫芦丝等校本课程，更是为学校的整体课程发展奠定了独特的厚重底色。这些实践成果中渗透着每个翡翠城人的智慧与汗水，在制定 2015—2018 三年发展规划时，在课程建设上，我们是这样表述的："做好成果梳理工作，不断完善翡翠城多维校本课程体系建设"。

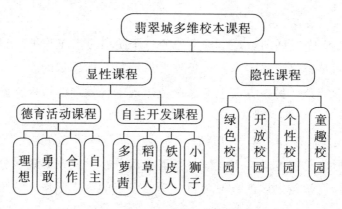

图 1　翡翠城多维校本课程体系

　　但是在后续的发展中，我们渐渐发现，"翡翠城多维校本课程体系"存在逻辑问题，校本课程过于繁杂，使得培养目标指向不清晰。并且，这个体系最大的问题在于它只是一个纯粹的校本课程体系，而对于国家、地方课程的校本化实施却没有涉及。这些问题都限制了学校课程建设的进一步发展。我们在思考中逐渐明晰：新的发展阶段就应该确定新的重点发展目标，在继承中去发展；必须冷静地做减法，凸显主干，让培养目标更加清晰。因此我们在反复论证的基础上，修改了规划中关于课程建设的表述，由此迈上了学校课程发展的第二个台阶。经过十几稿的推敲，确定了"绿色成长课程体系"的顶层架构。

　　绿色成长课程体系去除了原体系中的隐性课程，保留了自主开发课程和德育课程，并对各个课程门类进行了重新定义。我们以德育课程为雏形，将德育、教学相融合，从整体入手，打造了"绿野仙踪主题实践课程"；将自主开发课程这些零星的碎片，进行整合，遵循一体多维的课程设置思路，从整体入手来规划。如以前我们的音乐课就是单纯的音乐课，钢琴、葫芦丝这些校本课程各自为战，互不相通，现在我们转变思路，以提升学生的艺术素养为总目标，依托音乐课程这个主体，必选课程钢琴、葫芦丝作为补充、拓展，双选课程合唱、舞蹈、管乐、民乐等注重专业、高端，整体体现校本艺术特色。这种以总目标为引领，以一体多维为课程设置思路在语文、科技、英语等各领域都在有序推进。

　　总之，在学校管理的各个方面，我们都应该利用好规划这个管理工具，诊断—成文—成事—成人，不仅仅把规划看成一个文本，督促完成日常工作，更要在规划中关注每个人的发展，让每个人找到自己的生长点，让规划促进干部、教师、学生的共同发展。

教育纵贯线

贯彻绿色成长教育，办孩子喜欢的学校

——北京小学翡翠城分校

2018年9月—2021年8月三年发展规划（节选）

北京小学翡翠城分校成立于2008年6月，在"绿色成长"文化的引领下，已发展为一所拥有南北两个校区，一校三址办学的国际化、现代化、民族化学校，得到了社会各界的高度认可。2018—2021年是学校优质均衡发展、提升绿色成长教育品牌的关键三年，学校在对2014—2017年三年规划实施情况全面总结分析的基础上，从经验与理论、理想与现实、机遇与挑战的关系中寻求改革与发展新的增长点。我们以高起点、高标准、高站位来谋划未来三年发展蓝图，形成共识，努力办人民满意的学校。

一、学校发展SWOT分析

我们对全体家长、教师进行问卷调查，并召开部分家长、学生座谈会；行政会、教代会、全体教师进行头脑风暴；请专家进行论证，对学校外部环境和内部条件进行现状的综合分析，做出了学校SWOT分析。

S：学校发展的内部优势

1.学校办学理念先进，社会认可度高；北校区的"国际化"特色与南校区的"民族化"特色已颇具气候；硬件设施完善，区内一流。

2.学校课程体系能够充分回应办学理念、育人目标的内涵要求；校本课程形成特色；从儿童视角构建了"绿色成长课程图谱"，成系统化。

3.学生喜爱学校，勤奋、博学，喜爱读书，兴趣广泛；家长资源丰富。

4.教师队伍年轻，学历、业务水平高，培训到位；教师高度认可学校发展理念和教师文化，职业素养高；班子成员业务能力强。学校氛围好。

W：学校发展的内部不足

1.学校办学理念在各项工作中深入不够；高品质的课程群不足；多学科融合，横纵向课程整合力度还需要加强；课程管理机制不够灵活，需要适应新的改革要求。

2.年轻教师多，教师发展内在动力仍需要调动和激励；教师视野不够开阔，国际化素养不足，创新能力有待提高；教师队伍建设和管理需要进一步加强；教师干部队伍年龄趋于老化，干部队伍的领导力与执行力还有待加强，在区域

内有影响力的干部不多。

3.南北校区发展不够均衡，除了办学硬件以外，还存在师资和学生发展的差异，如两个校区的教师和学生不熟悉，课程资源只限制于某一校区等；三个校区生源、家长素质差距大，不均衡，对于优质均衡办学提出极大挑战。

O：学校发展外部机遇

1.习近平新时代中国特色社会主义思想确立，党的十九大和全国"两会"召开，为我们指明了办学方向：全面实施素质教育，全面落实立德树人根本任务，系统推进育人方式、办学模式、管理体制、保障机制改革。中央四号文件和习近平总书记的多次讲话都提出要大力发展教育，因此在新的形势下，办教育有了好政策做坚强后盾；社会更加重视教育，希望有高水平的教育出现；提出要办公平而有质量的教育，整体的大氛围导向明确，要求更高。

2.2015年审议通过的《京津冀协同发展规划纲要》将北京定位为"全国政治中心、文化中心、国际交往中心、科技创新中心"，这"四个中心"的定位对首都教育发展带来新的机遇。北京教育集全国基础教育之大成，辐射示范全国；拥有先进的教育理念和优质的教育资源。

3.大兴区教育改革也将在首都教育改革的浪潮中，充分发挥区域优势，整合资源，戮力创新，做出自己的特色。北京整体经济发展、新机场在大兴落成，带来经济的飞速发展，也为教育带来新的机遇。

T：学校发展外部挑战

1.首都教育改革进入到以习近平中国特色社会主义思想为指引的新时代。这要求学校办学应该立足于首都城市战略功能定位，加快推进教育的现代化。办与国际一流、和谐宜居城市相适应的教育、办人民满意的教育的新要求，对学校发展提出新的挑战。

2.随着学校近些年的发展，社会对学校的期望值增高，无形中给学校发展带来很大的压力，对学校的理念、管理、课程，教师的综合素质等方面都提出了更高的要求；办学声誉好，使得服务片区内的入学孩子急剧增多，学校硬件设施压力增大。

3.北京小学翡翠城分校在首都的南大门大兴区，随着大兴区经济的不断发展，尤其是新机场的建成，一大批高精尖端人才入住大兴，他们对于大兴的基础教育提出新的要求，对传统的教育模式提出了挑战。

二、学校发展指导思想及发展目标

（一）学校发展指导思想

以习近平新时代中国特色社会主义理论为指导，全面贯彻党的教育方针，以办好人民满意教育为宗旨，以立德树人为根本任务，以全面提高教育质量为核心，以改革创新为动力，促进学生全面而富有个性地成长。

（二）学校发展目标

1.学校发展总体目标

坚守绿色成长教育理念，"办孩子们的学校"，让学校办学规模、教师专业发展、家校互动机制、学校管理方略等都立足于为孩子成长服务，建设一所智能化、国际化、开放化、个性化的优质小学，引领辐射市区教育发展。

2.学校发展重点目标

（1）坚守理念，鲜明学校办学特色

继续坚持绿色成长教育理念，进一步深入理解理念内涵，鲜明翡翠城办学特色；彰显学校的教师文化、学生文化，使学校在主题课程、绿色评价、艺术教育领域再有新突破。

（2）扩大视野，打造智能化校园

做好三校区信息化的整体协调和数字化建设，提升学校智能化水准；加强硬件基础设施和软件应用平台建设，发挥智能化应用对教育教学工作的推进和支持；提高教师应用信息技术水平，促进教师教育教学方式转变，提升学生信息化素养。

（3）优化结构，加强教师队伍建设

建立教师队伍梯队发展机制，打造一支业务能力强、发展动力足、结构合理的高素质教师队伍；进一步提高教师科研能力，形成以骨干力量带动科研的局面，提升科研水平，引领教师专业化发展、教育教学改革。

3.学校发展年度目标

（1）深度挖掘 系统规划（2018年9月—2019年8月）

以学生为出发点，鲜明"绿色成长"教育理念，全体领悟，全面贯彻，使家校合作、课程建设、教师队伍、管理机制等各方面工作百花齐放、各美其美、自主生长。

（2）实践创新 内涵提升（2019年9月—2020年8月）

在实践中不断丰富、提升、创新"绿色成长"教育内涵，积累具有典范性、特色性的管理案例和教育故事，进行深入的理性思考，进一步凝练核心教育主张和办学思想。

（3）特色凸显 示范引领（2020年9月—2021年8月）

进一步鲜明办学特色，总结办学经验，提炼办学思想，形成可借鉴的案例、故事集锦，为翡翠城进一步发展奠定基础；同时引领辐射带动周边学校，促进大兴区基础教育优质均衡发展。

三、学校三年发展重点项目（略）

四、学校发展常规工作改革（略）

五、学校三年发展策略

（一）人才制胜

加强教师队伍建设，形成教师的梯队化发展，通过优化结构、骨干带动、专业化培训、优化激励措施等方法，建设一支师德高尚、业务精湛、结构合理、充满活力的高素质专业化教师队伍。

加强干部队伍建设，将后备干部梯队培养作为未来几年工作的重中之重；变革管理体制，优化管理模式，明确责任分工，实施扁平化管理，形成点点结合、面面相连的立体网络管理体系，实现三个校区协调发展。

（二）创新驱动

创新技术，创新人才发展模式及管理模式，敢于自我否定，不破不立，打开思路，与时俱进，引进高科技项目，如VR、互联网＋、STEAM课程等，与时代接轨；开放办学，拓展整合首都资源，凸显实践育人模式，更加鲜明培养目标，凸显办学特色。创新课程结构和课堂教学模式，努力打造适合学生发展的开放式、研究型课程和课堂教学模式。

（三）标准导航

三校区统一标准与要求：统一硬件设施、统一发展标准和要求。

1.课程标准：统一课程标准，在保证校区特色的基础上，打破南北校区固有课程设置，实现课程资源的共享。

2.评价标准：统一学生评价标准，继续落实以实践活动评价育人的模式，探寻新的、更加有实效的评价标准；强化课堂评价导向。

3.教师发展标准：统一教师发展标准，加强专业化培训、密切南北校区教师交流，加强专项教研活动，打造各种平台展示、重视骨干引领。

（四）开放发展

开放办学，准确定位，借势促进学校内涵发展，引领区域教育发展，推进公平而有质量的教育形成。

六、学校发展的保障与评价（略）

第三节　规范促动与多元激励

文化体系的落实是一个长期的过程，需要全体参与者持之以恒，久久为功。因此，在文化建设进程中，我们要不断为之提供动力：既要点燃人的热情与心气，更要指明做事的规范与方向。"绿色成长"文化的实施只有通过教师才能完成，用幸福才能塑造幸福，用美好才能塑造美好。我们挖掘多种动力因素，进行多元激励，让教师的文化实践既有外在规范可依，又有源源不断的内在动力。

一、规范促动

依法治校，规范管理是学校发展的根基，也是文化实践的基本动力。从宏观层面来看，我们坚决贯彻《中华人民共和国教育法》《中华人民共和国教师法》《学校卫生工作条例》《学校体育工作条例》《中小学德育工作规程》《中华人民共和国未成年人保护法》等法律法规，这来不得半点含糊；从微观层面来看，《校章》就是学校里的"宪法"，其内容必须全员遵守，没有特例可言。其他管理制度的出台要合情合理，领导者的管理方式也要贴近教师，言行一致，让大家心悦诚服地接受。领导要善于处理好变化的问题，拿捏好度。学校中的制度管理是常规管理的基本内容，也是学校常规管理活动的基础性工作，制度是刚性的，但是在执行制度时却要具体情况具体分析，遵照弹性原则，使得冰冷的制度散发出温暖的人性光辉。对待各种问题，不能简单地照章处理，而应该实地考察，识别问题，分析原因，妥善处理。我们的管理层有一个不成文的规定，那就是要高效率地整合工作，做到合理治校。尽可能地撑起一把遮风挡雨的大伞，不去"骚扰教师"，为教师们创设一个相对安静的育人空间，只有这样教师才能够静下心来更高质量地培育好我们的孩子。

首先是改变会风。开会不是工作，我们要把时间用在刀刃上。能不开的会就不开，非要开的会就尽量压缩时间。我们在行政办公区的墙上张贴着一个大大的专栏，上面是师生一年的常规工作安排，包括各种节日、常规教育、课赛展示等等，既然是常规工作就不用开会研究，到什么时间就做什么事，十几年来大家都已经习以为常,工作非常平稳有序;平时充分利用网络便利快捷的优势,有事情通过 QQ 群、OA 办公平台发布消息,每周一上传周工作计划,这样每天的工作也都是井然有序;集会时每位干部事先都要申报自己讲话所用时间,严禁超时。

然后就是整合活动。学校应该有一些质量高、效果佳的活动,但活动不能太多,否则师生心浮气躁,不利于学生养成各种习惯和打下扎实的学科基础。我们从整合各部门工作做起,有时候教师的一些过重负担源于学校各部门的协调与整合不到位,例如同一个主题,教务、德育、少先队都在搞活动,结果教师疲于应付,每天找不到工作的主线,东一榔头西一杠子,这很容易让教师滋生不满情绪,产生职业倦怠。我们特别珍惜、尊重教师的劳动,多替教师考虑,让他们少做无用功,我们常说的一句话是:累要累到点儿上,累要累得有价值。每学期初的计划部署会上都下发学期的月工作安排,重点工作用红色标出,使教师对学期工作有一个大致的了解,做到心中有数。而对于月计划安排,我们要经过几次的会议研究,使各月的工作重点均衡,当然更为重要的是部门工作整合,比如党支部计划中党员教师要讲示范课,教导处也要安排教师课堂展示交流,那么这两个部门就可以进行整合。每周我们还要召开短暂的行政会议,总结上周工作,沟通下周工作,这样从宏观的把控到微观的调整,井然有序。总之,我们采取多种举措,创设静心工作的氛围,确保教师集中精力研究教学、研究学生。

如今这种高效率的工作作风在校内已经形成一种风气与文化,教师们的工作细致却不繁琐,工作思路非常清晰,减少了形式主义,使大家的精力都实实在在地用到了教书育人之中。

二、情感促动

翡翠城是温馨的"家校园",我们让管理更多的带着人性的光辉。经历过几所学校的管理实践以后,我有了深刻的感触:合情治校,以情动人,人文关怀应给在关键之时,重要之处。不管是为教师过生日、写卡片,还是组织教师参与各种丰富多彩的活动,抑或节日时的家中问候,这些都能使教师深切地感受到人性的关怀,但是这些形式不能一成不变,因为任何一种方式沿用久了就会让大家归于平静,失去应有的感动。作为管理者应该不断更新,变化形式,诚心诚意走到教师心中,急教师所急,给教师所需:教师病了,工会前去探望；孩子高考、中考给教师自主支配的时间；孩子入学、入园予以及时的关照；教师住房有困难，积极帮助协调。这样才能实现真正意义上的人性化管理。

教师管理的本质，在于最大限度地唤醒每一位教师的潜能，最大限度地激发教师教学的积极性、创造性和自主性。正如苏霍姆林斯基所说，对于一个校长最困难的事就是如何使自己的意图被教师所领会，如何激发教师的首创精神。当教师遇到困难时，校长是他们忠实的倾听者与帮助者，倾听他们的苦衷，为他们提供解决问题的各种帮助和指导。学校里有一位三十多岁的女教师，得了严重的肾病，十多年了一直吃中药维持，后来日渐严重开始做透析，2014年终于找到了肾源，在暑假的时候做了换肾手术。手术非常成功，她的身体恢复得也很好。非常清楚地记得，她找到肾源时是跑着到我办公室的，脸上散发着久违的亮光，说："校长，有肾源了，我终于可以马上工作了！"看着她重新焕发出的光彩，我的思绪流过了几年间。

为了分解她的负担，我们真是没少做工作。随着她身体的逐渐恶化，我们把她从班主任岗换到科任岗，又到后勤岗，最后让她在家静养。由于编制的问题，学校里教师非常紧张，每一次她的工作调整都会让一些人受到干扰，或增加课时量，或调换岗位，在整个过程中没有一个人有怨言，有的是对她的嘘寒问暖。有一次期末总结会后，她来到我的办公室，哭着说："校长，我真的羡慕大家可以做那么多事，我真想像他们一样，做些工作。"我安慰着她，说只要身体好了，工作有的是，还怕没得干吗？绩效工资实施后，如果按照正常的考核制度，她的工资会受到很大影响，但我们觉得合乎规范与法则的同时更要考虑到她个人的具体情况。经过教代会商议，我们一方面把她的工作义务分担下来，一方面不扣除她的绩效工资，让她的经济困难能够有所缓解。每年区里的困难党员补助我们也积极帮她申请，学校里工会也不定期地给她一些补贴。换肾的时候，我们通过区工会、红十字会、保险公司多方筹措资金近五万元，老师们更是在关键时候伸出了援助之手，捐款近三万元，当我们把温暖送到这位老师手中的时候，她激动得说不出话。

一个人在困难的时候，更需要集体的温暖；一个有爱心的团队一定是积极阳光、爱憎分明的，一定是乐于奉献、勤勉务实的。在合法的同时更要合情，把握好二者间的度，这是情感促动关键的一环。

三、评价激励

评价直接影响到教师的工作积极性，影响到学校的整体发展，因而是文化落实非常重要的动力。评价是一种导向，它指引着教师向学校希望的方向发展。"绿色成长"文化能否真正实施，评价是关键。比如在现实环境下，为了提升学生的综合素质、帮助学生获得可持续发展的能力，我们可能或多或少地要牺牲一些已往我们看得很重的东西，这对我们来说是一个不小的考验。记得刚建校时，我们就毅然鲜明地提出：为了提升学生的综合素质，学业成绩抽测区域内中等偏上即可，不必一定争第一；同时明确提出，不将学生的学业成绩纳入教师的考核评价体系。当时抽测监控成风，不少领导和教师都对我们的提议心存疑虑：在这种导向下，学生的学业成绩还能保证吗？说实话，当时我心里也打过鼓，但我还是一次次地让自己坚定下来：这样做一定对！同时，我们把更多的精力放在抓教师专业水平的提升上，充分放手，解放课堂，保护孩子们的求知欲和探究的兴趣。我很清楚，只有从传统评价的樊笼中解脱出来，我们才可能为师生创造真正的绿色成长的空间。当时，半信半疑的老师们慢慢地从大量布置作业、批改作业的恶性循环中走出来，把精力更多地用在研读课标、研究学生、精心备课上，让课堂更加高效、自主。

运用增值性评价，让教师自己和自己比。平时的各项常规检查是为了帮助教师找到问题，面对面和他们交流，告诉他们下一步应该怎样去做，第二次整改后的检查才作为年终的评价依据。对于一年一次的评价总结，我们让教师根据学校制定出的标准和平时的工作表现自己申报等级述职，这也是教师自主发展的一种引领。我们对于教师的评价一切皆指向于学生，确保使学生的各项发展成为评价的第一维度，将教师个人专业发展作为第二维度，而且第二维度也是基于第一维度。这两个维度相互结合，水乳交融，在这样的评价体系中，教师才能时时处处以生为本，围绕学生发展明确自身的发展目标与方向，提升专业水准。

以团队评价为主体，提升教师专业水平。一个古老的水桶定理告诉我们：一只桶的装水量，取决于最差、最短的那块桶板。同理，一个学校中教师的整体素质与每一位教师都息息相关。教师的职业特点决定了我们必须重视学校内每一位教师的发展，对外每一名教师代表的都是学校的形象，对内教师的工作质量影响的是几十个孩子的成长，因为丢下一位教师就意味着丢下某个班级或者某个学科的若干名学生，这是对孩子们极大的不负责任。在班组层面，每个师生都是一块块拼图，拼出小团队的多彩与生气；在学校层面每个团队也是一块块拼图，拼出学校的精彩与美丽。因此在管理与评价上我们弱化人与人之间的竞争，凸显团队的支撑与帮助，以团队作为评价主体，这种导向使每个人都很团结自律。学校一直设有"和谐团队奖"，以办公室为单位，根据环境文化、团结高效、信息报送、爱护公物等评选出优秀，还经常组织"我说我的和谐团队""校园因我而美丽"等活动，增强了集体凝聚力，带动了团队的整体发展。

四、自我驱动

教师的职业特点决定了他们应当得到更多的专业自主权和更多的自主发展空间，因为只有在自由放松的状态下，他们才能充分地释放潜能、主动创造。自主发展能够使教师清晰地认识自己、悦纳自己，有内在的学习需要与成长渴望，有良好的学习策略和学习品质。过去我们的教育将师生统得过死，导致他们的主体性不能够充分发挥，因而缺少创造力，这已经成为教育发展的大问题，因此教育改革呼唤有主体发展意识的创新人才。

我们认为，信任是最好的管理，而信任集中表现为充分尊重教师的专业自主。在翡翠城，课堂属于师生，教师可以选择适合自己的教学模式，选取自己感兴趣的切入点进行教学，如有的从思维导图入手，有的喜欢做信息发布，有的选择做词语闯关，还有的年级实行学生走班……十四个学科工作坊和七个班主任工作坊全部由教师自己设计、自己规划、自己管理，八个教师社团也完全实行自治。全体教师一起起草《教师公约》和《教育教学规范》作为行为准则，在此之上大家就可以自由地施展自己的才华。我们特别注意鼓励教师的主动、多样化发展，倡导"一班一品""一室一品""百花齐放"。

教师心灵的舒展会直接作用于学生，进而在学校形成一条自主成长的"生物链"。当教师拥有标新立异的创造力和自由时，教育的奇迹就会发生。教师是用自己的整个"人"来教育影响学生，在知识传授时，在日常话语中，教师们都会不自觉地将自己的人生观、价值观传递给学生，对他们施加影响，并且这种影响是强大而深远的，它是在悄无声息中进行的，不为我们觉察，也无法控制、无法量化、无法评价。因此，对于教师，单单在专业知识方面引领真的远远不够，学校要考虑的应该是对教师的整个人生加以规划与考量，也就是说除了专业，更为重要的是要提升职业道德与个人修养，这才是根本。教师的专业化发展首先为的是学生的质量提升，但是不可否认这里还有更加深远的意义，那就是教师的可持续发展，我们应该让他们拥有美丽的教育人生。如孔子所云"绘事后素"，自主发展是教师专业发展的底色。

教育纵贯线

评价即学习，评价即成长

深化教育领域综合改革的推进，使得我们现在更加关注立德树人的基本导向，更加尊重教育规律和学生成长规律，将"培养什么人"以及"怎样培养人"贯穿始终。我们在《北京市小学生综合素质评价手册》的指导下，开发了具有学校特色的《绿色成长评价手册》，力求通过评价促进学生的绿色成长。

一、尊重规律，促进学生自然成长

孩子是一粒种子，生来就已经存在各种可能性，我们的职责就是去发现这些可能性。顺木之天，因势利导。日本著名的教育家池田大作有一句至理名言："樱花有樱花的美，梅花有梅花的香，桃花有桃花的色彩，梨花有梨花的风味。百花争艳，才会有花园的美丽。"学生们也是一样，他们各不相同，各有特点，综合素质评价的目标就是要让花园里的这些花儿各美其美，百花齐放。

在绿色质量观的导引下，我们相继设定了多维的绿色评价指标和评价项目，如健康小达人、星级小书虫、书写小明星、环保小卫士、翡翠之星等。同时，我们积极探索符合"绿色成长教育"理念的多样化的评价方式。每个期末考试的前一周，孩子们都最开心、最期盼。各学科教研组都会量身定制丰富多彩的能力测试项目，如音乐的才艺展示，语文的课外阅读分享，数学的手抄报展示，综合实践的跳蚤市场等。在《绿色成长评价手册》中，在学业成绩评价的基础上，增加了对于学科能力和学科实践的评价，还增加了"我的体育之最""我的新本领"等项目，引导学生既要有爱好，又要有坚持。让每一名学生都能够在评价过程中认清自己，找到自己的闪光点和生长点，在原有基础上不断提升。

二、激发内驱，促进学生自主成长

学校统一评价标准。以班级为单位，评选海棠奖章、银杏奖章和翡翠勋章（银杏树是我们的校树，海棠花是我们的校花）。其中海棠奖章是针对团队的评价，银杏奖章是对个人的评价。每月根据奖章数量和个人成长状况，学校统一颁发翡翠勋章。

为了激发内驱，我们更多地下放评价的自主权到年级、班级和学生个人。比如中年级的翡翠币评价，所有任课教师都以翡翠币评价学生，孩子们在积累和换币过程中不断收获好习惯、好成绩、好身体。有的班级在评价"伙伴眼中的我"这一项时，找一名与自己曾发生过矛盾的同学，互相说说彼此的优点，这样一来，增进了伙伴间的交流，既化解了矛盾，也引导同学们从不同角度了解了自己、了解了同伴。这种发现别人闪光点的评价方式，对孩子们影响深刻。五年级有一个班级在开家长会的时候，小干部在老师不知情的情况下，制作了一个PPT，向家长介绍班里每个学生的"第一"，如"识谱第一×××""跑步第一×××""画画第一×××"等等，全班32人，32个第一，在孩子们的眼里伙伴们都是最棒的。我们的教育目的是什么？为的是让他们能够自我教育、自主成长，我们认为这才是教育的根本。

三、注重体验，促进学生可持续成长

在过去的评价中，通常以奖品、奖状等形式对学生进行奖励，我们发现这些奖励对于孩子们缺少深层触动，不具有持久动力。我们深入思考，如何让评价为孩子的可持续发展创造机会、培养能力？让评价本身也成为学习的资源和成长的过程？基于这样的思考，我们变物质的终结性奖励为体验性学习的过程性奖励，以丰富多彩的实践课程去吸引孩子，将奖励的过程也变为教育的存在。

为了使奖励更加贴近学生，触动他们的心灵，我们对全校学生进行问卷调查，征集所有人的愿望：学生们有的想去其他班上课，有的想当校长助理，有的想在学校体验住宿生活，有的想和老师共进晚餐……他们的想法五花八门。我们将这些心愿汇总分类，让学生们根据自己取得翡翠勋章的个数自主选择体验课程接受奖励。每年4月和10月奖励上一学期的获奖学生。

2016—2017 学年第二学期体验奖励安排

奖章数量	可兑换的活动（或机会）
四枚及以上翡翠勋章	寄宿体验课程（三天两晚）
三枚翡翠勋章	1. 校长助手一周 2. 南校区半日体验 3. 学做一种美食 4. 参与一次公益活动 5. 和老师一起看电影或演出

两枚翡翠勋章	1. 沙盘游戏体验 2. 在学校集体吃饭 3. 进行一场足球比赛 4. 带着玩具去翡翠公园玩 5. 体验当一天老师 6. 拓展游戏体验
一枚翡翠勋章	1. 优先参加志愿服务岗 2. 半日同年级走班上课的机会 3. 升（护）旗手体验 4. 校园广播点歌 5. 玩一次撕名牌的游戏 6. 社团走班体验 7. 获得一次参加红领巾广播的机会

寄宿体验中，孩子们的收获真是太多了！不同年级、班级的孩子们在课后拓展游戏中互相熟悉；在教师和食堂员工的帮助下，孩子们学习包饺子，虽然奇形怪状，但是他们却说这是他们吃过的最美味的饺子；每个房间中的八个学生，一起洗澡、一起准备第二天要穿的衣服、一起写作业、一起聊感兴趣的话题，他们大的帮助小的，非常融洽。活动还没有结束，他们就在追问下一次寄宿体验的时间。孩子们第一次离开父母的呵护，感受到了同伴的温暖和集体的关爱，体验到了不一样的生活，感受到了不一样的快乐，尤其锻炼了自理能力。家长们对这样的活动也很赞赏，他们通过活动懂得了"有一种爱叫作放手"。

在学生做一周校长助理的体验中，我在周一升旗仪式上为每个孩子佩戴校长助理标志，下发记录手册和相机，让他们作为校长的眼睛和耳朵，去听听看看校园内外令人欣喜的、不开心的事情，随时记录，周末我和他们共同总结一周的见闻与收获。他们有的说做校长助理还是蛮不错的，因为可以到任何办公室去转一转看看什么样子，当然他们更是对我提出了建议，比如中午发现老师们都在工作，让我要给他们休息的时间；让我和交通队去说一说在学校门口安装移动红绿灯，学生过马路会比较安全；还让我在门外安装遮阳伞，为接送学生的家长遮风挡雨……我们很欣喜地看到孩子们的主人翁意识在增强，他们初步懂得了什么是参政议政。

　　这种以参与体验的形式作为奖励的活动已经开展了近五年，孩子们对自己要参与的活动充满期待，当然也有的学生觉得这个学期没有达成自己的心愿，就把奖章存起来，决心下个学期继续努力……虽然这样的奖励方式给教师们增加了很多工作量，使他们牺牲了很多休息时间，但是看到孩子们在参与活动过程中的成长，看到孩子们在争取勋章过程中的努力，我们觉得再辛苦也是值得的。很多老师也将这种体验式的奖励延伸到自己的班级评价当中，比如奖励优胜小组和老师共进晚餐、共同去郊游，奖励优秀个人做一日小老师、一日小班长等等。

　　孩子们充满自信，敢于质疑、敢于尝试，对事物充满好奇与热爱，团队意识很强。我们看到了评价带来的学生的绿色成长！

第四节 内部挖潜与资源外联

文化体系的落实是一个系统工程，需要学校管理者带领全体师生经过多年的共同努力，才能有所成就。在这个浩大工程中，做事的人固然重要，但做事的条件也不可忽略。其中，文化实施所需的一个重要条件就是需要足够的办学资源：既包括空间和内容的资源，也包括人力资源、智力资源。显然，在教师具有同等水平的情况下，资源越丰富的学校就越具优势。因而，我们在实施"绿色成长"文化的进程中，不断向内挖潜与向外整合，努力让资源优势发挥到极致。

一、内部挖潜

空间的挖潜。生活在楼房里的孩子活动空间受到极大的限制，我们就在楼道里做文章、想办法。根据楼层中学生的年级不同，我们在楼道墙壁上安装了不同的益智游戏，比如一年级所在的一楼我们设置了"比身高""连连看"等游戏，二年级所在的二楼我们设置了"汉诺塔""走迷宫"等游戏，让孩子们在玩中琢磨其中的道理。楼道里所有的暖气罩在保证散热的前提下，正面设计了不同的镂空造型，科学空间里是动植物造型，音乐空间里是乐器造型，读书空间中是激励读书的名言警句；所有的消防设施上的宣传画也都是孩子们自己创作的，在创作的过程中孩子们懂得如何使用这些器具，孩子说给孩子听，他们互相教育，共同成长。我们把教室延伸到了楼道与校园，到处都是孩子们能够操作、活动的空间。每条楼道有不同的主题。"美术天地"里孩子们可以办个人画展，教师可以上写生课，也可以随时练习书法；"音乐空间"里孩子们可以随时选取自己喜欢的音乐聆听、可以弹琴、可以演奏不同的乐器，还可以在小小的舞台上演绎属于自己的精彩；"科学畅想"里孩子们可以喂食小动物、观察花草，也可以瞭望星空、凝视小种子，更可以席地而坐在屏幕中感受大自然的奥秘。我们还在几个校区的楼顶开辟了四千多平方米的"空中梦想花园"，种植多种植物，并设置了授课空间，教师们可以根据需求选择在室外上课。学校里到处都有孩子们觉得有趣、多变的空间，他们的爱好不同，但总有一处适合他们，这也是我们关注每个生命个体的理念使然。

人的挖潜。为了使拓展类课程更适合于孩子们的"口味"，我们没有采取学校想开什么就开什么，或者教师能开什么就开什么的"省事"的办法，而是先听取孩子们的意见，问问他们"想吃什么""爱吃什么"。每学年开学初的第一个月，我们总是最忙碌的。学校组织力量，调研所有孩子的课程需求，然后归总、统计、筛选，只要有某个课程意愿的学生达到 15 人以上，我们就举全校之力，创造条件，为孩子们开课。为此，我们的老师可谓"千方百计""尽心竭力"，他们的潜能得到了最大限度地发挥：数学老师开始痴迷"巧手翻绳"，道德与法治老师带起了"我行我秀"，英语老师做起了音乐剧，体育老师学起了中国象棋……就这样，我们的课程体系和课程实施方式越来越彰显出服务于学生绿色发展的特质，受到学生和家长的普遍欢迎。

随着城市化进程的推进，大兴区一些镇级完小在逐渐减少，教委将停办学校的教师分流到兄弟学校，我们先后接收了三名这样的教师。这些完小教师的业务是无法跟上校内其他教师步伐的，但我们敞开胸怀接纳、拥抱他们，给他们归属感，让他们有施展才华的空间与平台。其中一位老教师我们安排她教数学课，她非常敬业，因为原来没怎么用过多媒体，她就晚上向儿子请教，一点点地学起，后来根据工作需要去管理学校图书借阅，她就像一个老大姐，关心、感染着身边的伙伴，在她来校后赶上的第一个"校园因你而美丽"展示时，组里夸的就是她，在大家的赞扬声中她的脸上洋溢着笑容，不论是在数学课堂上还是管理学校的图书，她都面带笑容、健步如飞地穿梭于校园的角落之间，为师生提供着特别周到的服务。

还有两位男教师，一位经过两年的磨炼、培养，现在做南校区的信息负责人，他经常通过 QQ 和我交流关于学校发展的想法，并带动大家群策群力为校园里的三个亭子命名，那种参与学校管理的激情也赢得了大家的尊重；另一位是总务处干事，他默默付出自己的智慧与才学，每到节假日我们都会收到他独具风格的温馨祝福与假期注意事项，现在他已走上了学校会计这个重要的工作岗位。其实在学校里没有好教师与坏教师之分，应该给他们每个人平等的发展机会和适合的岗位，让人力资源得以最大程度的挖掘与提升。

二、资源外联

只有家庭教育、学校教育和社会教育三者结合，才能形成教育的共同体。

学校有责任也有义务联合校外一切可以联合的资源，与家长、社区、专业机构、兄弟学校等合作，为孩子们创设一个相对安全、健康的绿色成长空间。

我们首先是丰富课程供给主体，将家长、社区等人士作为课程专业性资源的补充。我们将家长、社区人士、高校人员请进校园开设讲堂。班级、年级、校级"家长讲堂"已经开设千余次，讲堂精彩纷呈，极大地补充了学校课程资源不足的现状，使得孩子们的成长更加贴近生活实际，拉进了家长与学校的关系。周边的幼儿园成为我们"幼小衔接"的合作伙伴，高质量的初中又提供了"中小衔接"的合作可能；军队大院为孩子们课外拓展、军营体验提供了帮助；我们的合作单位气象局、环保局也成为孩子们进行社会实践的场所。

根据学校周边社区环境，我们充分挖掘其课程资源，为我所用。学校东墙紧邻翡翠公园，我们在围栏上开了一个小铁门，平时的科学课、美术课、语文课都有不少教师带着学生去公园里上课，孩子们特别开心，在优美、安全的大自然中，去习得知识，感悟美好。为了让孩子们和大自然更加亲密的接触，多一些成长的体验，我们和区园林局、开发商协商，在公园里辟出一片近一亩的土地作为"种植体验园"，里面分隔成不同形状的小花池分给各班，孩子们不定期的到那里播种、施肥、拔草，不同的花种、不定期的开放，或争奇斗艳，或绿意浓浓，看着通过自己辛勤的劳动换来的美景，孩子们的心中充满了喜悦。我们还和体育局协商，在公园内一片空地上建了一个"笼式足球"场，为孩子们的体育活动开辟了新的空间。

教育纵贯线

实践育人，资源全整合

如果想实现学生在生活中的成长，一定是以资源全整合为出发点的。针对实践育人，我们感觉如果把立德树人比喻成漂浮在水面上的巨大冰山，那么露在水面上很小的一部分是实践育人方式，如万绿丛中一点红；藏在水下的巨大山体，是整个教育理念、课程改革、组织协调等庞大的内在支撑。

一、宏观规划，凸显实践育人的整体性

实践育人作为一种育人方式的变革，需要学校的宏观布局规划。我们整体规划学校课程体系，将三级课程整合成促进学生发展的有机整体，"绿野仙踪实践课程"作为"绿色成长课程体系"中的基础类课程，凸显出重要地位。绿野仙踪主题实践课程以学校培养目标为主题（见图1），分重点在各年级实施，以学科整合为基础，以实践活动作为拓展，各年级全体任课教师在学期初共同商议课程方案，并完成学习单的编写。具体实施时间由年级组根据内容自行决定，或集中在一周，或分散在学期中。

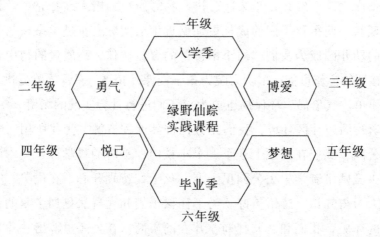

图1　绿野仙踪主题实践课程

二、统筹资源，凸显实践育人的系统性

实践育人离不开多元开放的教育资源，我们以绿色成长理念统领教育资源观，统筹校内、外资源，构建科学的资源系统，为实践育人保驾护航。

1. 完善实践育人管理机制，统筹资源

校内校外资源五花八门，多种多样，我们在拓展时空，做好资源的补充与拓展延伸的同时，更注重科学合理的搭配、可持续的供给保证和与时俱进的研发。同时建立健全学生实践活动管理制度，构建科学的系统，统筹优化。

2. 校内教育资源开放优化，雪中送炭

我们开放所有校内资源，将课堂延伸到楼道，图书、计算机、钢琴等都放在公共区域，科技馆也建在楼道里，孩子们在玩中学、做中学，这种无意识的学习，不受约束，自然习得。在学校的角角落落，设置不同用途的小舞台，供孩子们实践展示。特别是露天舞台，孩子们会在校园里张贴宣传海报，利用"快乐午休"时间进行朗诵、课本剧、相声、乐器等展示，他们自娱自乐，综合素质在自主实践中得以提升。我们在楼顶建了"梦想花园"，里面种植中草药，设置了露天课堂，使得中医药课程走到了孩子们身边。

3. 校外教育资源精中选优，锦上添花

社区中的科普展览、消防安全体验馆等资源，我们会充分利用。特别是北京市、区教委大力推进育人方式改革，强化实践育人功能，一大批社会大课堂实践基地如雨后春笋般生发出来，为孩子们的实践活动提供了广阔、丰富的空间。我们将基地的介绍下发给年级组长，并有选择地带组长去一些实践基地，开阔他们的视野，为他们设计外出实践方案提供依据，对于校外资源我们重点做好精中选优，让实践基地为孩子们的学习锦上添花。

三、精准落地，凸显实践育人的实效性

我们不断丰富实践活动的内容和形式，不断满足学生的个性化、多样化成长需求，让每名学生每一时间都有实际获得感。

1. 每名学生都参与的主题实践活动

如"绿野仙踪主题实践课程"中的六年级毕业季课程最后一站是在"第五季露营农场"度过的。孩子们在"稻草人破冰""铁皮人爱心传递""小狮子极速挑战"的团队拓展中接受训练，虽然烈日炎炎，但是他们精神抖擞，团结协作，努力完成任务；晚上的"翡翠夜话"活动让孩子们印象最为深刻，他们互相依偎，聊着往事，共话未来；第二天一早他们就开始拉练，在徒步的过程中进行"相依为命""驿站传递""重走长征路"等活动。活动中有人摔倒就有搀扶的手，有人哭泣就有安慰的话，他们好像一下子长大了，变得更加坚强、友爱、阳光向上，为他们的小学六年生活画上了一个圆满的句号。

2. 无缝对接的假期实践活动

每到寒暑假孩子们就会全员参与到假期实践课程中，这项活动我们坚持了十余年，目前已经成为学校的品牌课程，深受学生和家长的喜爱。"我做志愿者"，孩子们有的到地铁站为有需要的人指路，有的到社区进行好书分享；"我为家里添年味"，孩子们写春联、做一道菜、做一件家务活、晒全家福等；"绘制我家根脉图"，寻找家谱，了解家训；"制作旅游路书"，在地图上标注旅游所到之处的美食、美景等。

3. 自主选择参加的专题实践活动

我们所开设的茶艺校本课程会利用假期带孩子们去武夷山、杭州等地研学旅游，采茶、参观茶的制作过程、和茶农交流等，让孩子们对于我国的茶文化有一个全面深入的了解。除了国内的研学旅游，我们还安排韩国、美国友好校的实践交流活动，让孩子们根据需求自主选择参加。

实践育人的整体性、系统性和实效性的落实，有赖于每位干部、教师、家长的观念转变。只有从根本上有所改变，才会有育人方式的转变；也只有这样，才能培养出德智体美劳全面发展的社会主义建设者和接班人，实现学生真正的绿色成长。

第五节　文化成效与成果分享

只有历经汗水的浇灌，金色的秋天才能到来。"绿色成长"文化经过十余年的具体落实和扎实推进，在不断深化与积淀的过程中渐渐发挥出了积极的效应，推动学校办学不断向前发展。在这个过程中，我们既致力于把握和实现"快的效果"，更着眼于深耕和追求"慢的效果"，将文化建设的短期成效和长远发展有机结合起来，确保"绿色成长"文化从不同层面上助益教育教学的提升。走过了十二年，今天的翡翠城展现了蓬勃的生机与活力，初步实现了学生、教师、学校"三位一体"的发展，得到了家长、社会和教育主管部门的积极肯定。

一、把握快的效果

在学校的办学进程中，相较课程构建和教学提升，硬件设施和品牌活动的效果呈现往往会更快、更可知可感一些，因而，作为新学校，我们非常重视这两个方面，通过精心的设计和有效的落实，使之作为突破口，在较短的时间展现出我校的良好办学风貌和办学效果。当然，这种对"快效果"的把握，绝非意味着省事和取巧，而是抓住办学某些方面的特点，因事利导，有重点有先后地投入，从而有所收获。

以硬件设施为例，我们对此高度重视，投入极大的精力，用了很多心思，终于使之展现令人耳目一新而又会心一笑的积极效果。我们首先在安全性上下功夫。一个让孩子们没有安全感的学校，一定不能算一所好学校。当今校园安全逐渐凸显为社会关注的焦点，各个学校都非常重视。涉及管理方面的安全问题一般比较容易让人关注到，比如来客登记、孩子出入证、食品安全等，学校里都会制定明确严谨的规定，而对于校园内与硬件设施有关的细节问题有时会在司空见惯中被人所忽视，而这些问题往往会成为孩子们日常学习生活中的安全隐患。建学校的时候由于我们没有介入，所以学校在建筑设施方面存在着不少问题，这些地方不整改就会危及孩子们的安全，我们就集中精力一边进行日常教学一边整治这些安全隐患。

　　原来的国旗广场两侧是由立柱连接起来的一个建筑群，我们发现每个立柱侧面形成了一片片四十五度角的刀锋，而学校建筑应该尽量让外立面圆滑一些，避免学生在游玩时受到伤害，经过调研，我们将这个建筑群全部拆除，变为了现在宽敞的国旗广场，每到周一是师生举行庄严的升旗仪式的场所，平时则是孩子们尽情玩耍的地方。

　　寄宿部在给孩子们准备储物柜的时候，由于是统一的政府采购，当初配备给孩子们的储物柜是两米多高的铁皮方格柜，一年级的小孩子根本够不到那个高度，况且打开柜门的时候锋利的棱角容易刮伤孩子，我们立即将这些铁皮柜搬到了办公室作为文件柜，到超市为每个孩子买了带轱辘的塑料整理箱，放在床下，既节省了宿舍内的空间，又安全又方便，孩子们可高兴了。

　　我们的楼道里安装的都是铸铁的暖气片，它的棱角非常锋利，孩子们稍有不慎跌倒时，碰在上面就会头破血流，整体更换不太现实，我们集思广益想了很多办法，最后想了一个妙招：为暖气戴上了防腐木的"帽子"。春夏秋三季"帽子"里面种满各式花草，孩子们自由认领养护，使得绿色充满每个角落，花香溢满整个楼间，冬季送暖时我们换上绢花，依旧装点楼道的美丽，从那以后孩子们再也没有发生过磕伤的事件。我们楼梯扶手拐角处的铸铁是锋利的直角，一、二年级的小学生身高正好和它相仿，孩子上下楼时极易发生碰撞危险，我们就到建材市场上寻找合适的材质，想把它包一下，终于找到一种可以套在上面的软包角，用了一段时间以后发现软包角易脱落，我们干脆用电焊切掉了每个棱角，再加以打磨，使之变为圆滑的。

　　学校内外的事情千头万绪，有些细节不为我们所察觉。在学校管理中，我们充分发挥学生的主人翁意识，让他们成为我们的"参谋"。在一次学生座谈会上，有的学生反映，他们的球踢到栅栏外的翡翠公园里，有的学生可以钻过栅栏去捡回来，我们听了出了一身冷汗，会后到现场查看，发现开发商使用的栅栏间隙比较大，低年级学生脑袋小的确实可以钻过去，我们当即找来厂家更换了外围所有护栏；对于操场上的单双杠、篮球板、秋千等我们都要定期检查，避免风吹雨淋螺丝松了或者锈住了，对孩子造成伤害。这些看似芝麻小事，却是关乎孩子们安全的头等大事。我总感觉只要留心在意，很多校园安全隐患都是可以避免的，我们把校园改造与学生的自主管理相融合，收到了事半功倍的效果。经过这些年的努力，翡翠城逐渐成为师生安全温馨的家园，许多细节之处的用心得到了家长和外宾的称赞，为学校赢得了极大的赞誉。

二、深耕慢的效果

相较若干"可快"的领域，学校办学大部分事情如理念文化的践行、课程文化的构建、课堂教学的提升等是"慢的"，犹如农业播种，遵循不以人的意志为转移的生长规律，对此我们深深懂得应该静下心来，以足够的耐心和毅力，进行深耕细种，悉心培育。这是一个慢的过程，尽管在如今这个浮躁功利的时代，我们也曾遇到这样那样的问题，遇到许多的干扰，但是我们最终坚守住了，展现了应有的"定力"，不断抓住实践中出现的问题予以解决，及时进行调整、纠偏和改进，最终收获了教育教学的"浸润性"效果。

学校的年轻教师多，他们对于信息技术的使用非常到位，在课上运用这些现代技术手段非常鲜活，吸引孩子的目光，也利于孩子对抽象知识的理解。有一次，有两位年轻教师要讲公开课，学校突然断电，在没有多媒体的情况下，他们束手无策，急得直哭。我感到了问题的严重性，多媒体本来是我们教学过程中的辅助手段，是为教学服务的，但一些教师在教学过程中已经不知不觉地把它们当成了唯一或者重要手段，对其极为依赖，这可能使教师忽视了教学中的生命对话和对教材本身的理解与挖掘。我们立即针对"信息技术使用的利与弊"开展研究，大家渐渐地形成共识：能在书本上找到的就让孩子看书本；多媒体的使用只能用在必须时，比如利用动漫效果可以很容易让孩子们掌握三角形与平行四边形的关系，又如课后知识拓展扩大孩子们的阅读量等等。在使用多媒体时一定要追问自己：这儿必须要用吗？在经得住推敲的情况下才能使用。随后，我们在学校的《课堂评价方案》中也加入了一条新的内容：合理使用多媒体。应该说这对于孩子们的视力及健康也是有好处的。通过这样的纠偏和问题研究，我们引导教师们在发现问题、研讨问题、解决问题的过程中不断提升专业素养和育人的功力。

我校的学生思维非常活跃，视野也比较开阔，但是随之连带的问题就是在课堂上不愿意倾听别人的发言，总想更多地表达自己的观点。这不利于培养孩子们尊重别人的好品质，也使课堂的实效性大打折扣。对于这种普遍性的问题，我们全校任课教师共同努力去解决。学校出台了《学生各学科倾听能力训练实施方案》，教师们以年级为单位制定评价细则，用一些持续性的小鼓励引领孩子们养成倾听的好习惯。首先，和家长沟通，取消了利用校讯通和班级博客部署家庭作业的做法，让每个孩子准备一个作业记录本，老师口述作业，孩子们自己记录,这既培养了孩子们的倾听能力,又使得他们的自理能力得到锻炼,家长们对这个做法非常赞赏。其次,要求孩子们在回答问题时要面对大家,而不是仅仅面对老师,要先点评上一个学生的回答或复述教师的提问,然后才能谈自己的观点。再次,科任教师注重在学科方面挖掘教育内涵,将倾听习惯的培养融入学科教学之中,比如语文和英语学科,更加注重听写和复述的环节,引导孩子们集中注意力,认真倾听,认真思考,因为这是很好的发表自己见解的前提,又如科学学科实验的操作程序更加注重让孩子们先听清要求再进行,让孩子们做事井然有序,而不是毛毛躁躁。经过大家齐抓共管,仅一个学期孩子们的倾听习惯就有了很大改观,他们身上的马虎、懒于深入思考等不良习惯也随之在改善。

三、享受已有成果

在学校文化的滋养中,孩子和老师们共同获得了成长的能力,享受着成长的快乐,学校展现了蓬勃发展的态势。"绿色成长"文化在十几年的实践中被全校师生全面认识和予以实践,并有了深化与发展。它不再仅仅是一个硬邦邦的概念,而是融入了大家的思想、精神、追求,并逐渐形成了一种鲜明而又充满活力的学习和生活"生态"。学校里的一草一木、一砖一瓦,师生的一举一动、一呼一吸间都透露出"绿色""成长"的魅力,大家怀揣着一个梦想,共同拥有、共同创建、共同发展、共同享受已有成果。

（一）学生的享受

孩子们在美丽多彩的校园里快乐地生活学习着,他们深爱着校园,有的学生在寒暑假也会让家长带着来学校看一看,因为他们想学校了。学校里丰富的课程就像一个超级市场,为孩子们的成长提供了多样化的选择,让因材施教成为可能。在课程学习中,孩子们的成长是全方位的,始于兴趣,结于成功所带来的喜悦与动力,提升了他们做人、做事的自信,促进了他们综合素质的提高和全方位的成长。

学校里有丰富多彩的活动与节日。艺术节、文化节、科技节、体育节、读书节、英语节等,每个节日延续时间一周到一个月不等。比如为期半个月的"英语节"期间,我们会引进一些国际交流项目,分年级设立不同主题的英语活动,低年级单词大比拼,中年级表演英语课本剧,高年级英语演讲,活动从班级到年级,最后是全校的展示交流;有时候,我们还邀请美国的大学生一起过节,为孩子们的决赛做评委，和孩子们一起演出做游戏。几个环节下来，所有的孩子都能参与其中，一起享受英语带来的快乐。艺术节在每年五月的最后一周举行，主题是"七彩艺术路我秀我精彩"。孩子们或个人或结组自行准备节目，先是在各班进行展示，然后在学校层面自由申报进行展示，每天下午放学以后，安排不同的专场，如声乐专场、舞蹈专场、乐器专场、表演专场等，学校下发通知给学生和家长，大家自愿选择观看，而最后一天的综艺演出既是全校的庆"六一"活动，又是整个艺术节的收官总结，同期还会展出学生们的各种书画、手工等作品，那是全校的一次艺术 PARTY，全体家长、老师、孩子们都沉浸在节日的喜乐之中。我们各种节日的突出特点是全员参与，孩子们都是演员也都是观众，既欣赏别人也展示自己。天上的云不知哪块有雨，众多的节日中总有一个可以让孩子大显身手，让每个孩子都有自己的平台，让每个孩子都有属于自己的节日，这就是我们设置各种节日的初衷。孩子们的潜能真是一座宝藏，只要给他们舞台，他们就会有巨大的能量爆发出来。

我们的教育应该考虑长远，眼中应该看到孩子的未来，能够为孩子的可持续发展创造机会、培养能力。我们会跟踪毕业的孩子，看看他们后续的成长好不好，用来反思我们现在的教育是否恰当，是否还有改进的空间。我们希望在一批批孩子的成长跟踪中，让我们的教育行为更加贴近孩子，更加顺应他们的成长规律。我们的教育不是局限于孩子在学校的六年间，而是要着眼于孩子的一生，希望他们走出翡翠城的校门时，能够用心感受生活中所有美好的东西，努力做好自己，并能服务他人与社会。

（二）教师的享受

我们非常注重教师的专业化提升，聘请13位市区特级教师到校深入课堂为教师进行定期指导；同时又非常关注教师的个人修养，在学校里倡导的两句口号大家耳熟能详："智慧做事，幸福为师""慢而优雅地生活"。这是我们对教师最大的祝福。"慢"，是希望教师能够静下心来体味、享受做教师的过程；"优雅"，是希望教师们能够有自己的兴趣爱好、一技之长，这既是开发校本课程的需要，也是给教师丰富多彩人生的需要。在校内，我们成立了古筝、瑜伽、球类、书画、乐队、合唱等多个教师社团。为提升教师生活的文化内涵，我们组织教师看话剧、听音乐会，让大家品味高雅，交流放松。十几年下来，在舒心、自主的工作环境中，教师们成长迅速，频频在市区、全国获奖。

学校里的每位教师都是一首感人的诗歌，在"绿色成长"文化的追寻中，他们每天都创造着奇迹，在成就孩子的同时也成就自己的美丽人生。他们在用自己的整个生命浇灌着可爱的孩子们，"教育学就是迷恋他人成长的学问"[6]，校长迷恋教师的成长，教师迷恋学生的成长，在这个过程中，自己也成了让人迷恋的人，这是一件多么美妙的事情！在翡翠城我们深深地感受到：投入工作的教师最美！经过几年的发展，"大气智慧、自信优雅"的教师文化不断凸显，呈现出了非常鲜明的团队特点：

自我教育能力强。很多事情都在年级组内解决，每次活动大家创意百出。

具有大气谦让的风范。学校里教职员工近二百人，大家亲如一家，班组内团结友爱，每组各具特点，有的幽默风趣，有的谦让随和，有的调皮可爱。职评时互相欣赏，评优时互相谦让。什么是伟大？就是这种平凡的欣赏谦让。

具有超强的创造力。可能是这些年的自主管理推动教师自主创造，他们的创造力总是在不经意间闪现，有时让我们流泪，有时让我们捧腹大笑。这样的团队让我们感到自豪！

具有极强的责任心和耐心。在学校里每个教师都各具特点，但是却不存在差班或差老师，每个老师都在认真地工作，我们收到了很多家长的感谢信。很多教师发出这样的感慨："我爱翡翠城，因为这里让人温暖，就像一个家。"为谁辛苦为谁忙？只源于我们都爱这个共有的美丽的家——翡翠城！

（三）学校的享受

"绿色成长"文化已经根植于师生、家长心中，形成了一个生机勃勃的绿色"生态圈"：学校充分尊重教师发展的自主权、尊重家长的参与权，教师、家长充分尊重学生的发展需求，最终促进了师生、家长的共同成长。

一位家长在给我写的一封信中这样说：

对于一个家庭可能想着我要把孩子培养成什么样子，整个一家人为了一个孩子都忙得不可开交，而对于一校之长的您呢？可能想的是要为将来的社会培养什么样的孩子，为国家培养什么样的孩子。从我接触到的高老师，到现在的李老师，我都能深深地体会到，咱们的老师不只关注学习成绩，真的是全心全意地考虑孩子的全面发展、整体素质，我相信这是咱们的教育理念使然，我为此深深地感动。

限于我们的自身条件和状况，一直没办法有什么实际行动为学校做点什么，

---

[6] 马克思·范梅南.教学机智：教育智慧的意蕴[M].北京：教育科学出版社，2001：18.

能够做到的就是接送孩子时尽量把车放得离学校门口远点，不给学校门口的交通增加压力；遵守学校的规章制度；全心全意地带好孩子……

我一直在默默地关注咱们学校的发展，学校不断地发展壮大、日新月异，我们都感受得到。学校每上一个台阶，每有一个收获，每一天的进步都离不开您的努力和全体老师的辛勤耕耘，你们辛苦了！我会一直默默地祝福您、支持您，希望在您的带领下，咱们的学校越办越好，成为大兴的骄傲，北京的骄傲，从咱们学校走出的孩子都是金凤凰，将来成为社会的有用之才、栋梁之材。也希望您多注意身体，别把自己累着了，好有更多的精力多替孩子们铺路。

陶西平老先生参加我校活动的时候，这样评价学校：

学校精心地培育下一代，无论是贯彻国家的教育方针，还是学校的教育文化建设，特别是在我们教学的改革过程中，始终以每一名学生的成长作为我们的目标，从而使得学生们能够不仅有梦想，而且有追梦的决心，他们在成长中展现出了许多的才华。

北京市教科院院长方中雄在给我校出版的《教育的翡言翠语》序中写道：

令人欣喜的是，在翡翠城小学我们看到的却是一番朝气蓬勃的景象：孩子们喜欢他们的老师，热爱他们的学校，展现出的是自信、活泼而有礼貌的形象；教师队伍则是个乐于从教、善于合作、勤于工作的和谐团队；校园布置与设施设备决不豪华却处处精致而富有教育韵味。一个地处郊区的新建学校，用短短的几年成了北京市大兴区教育界的一个先进典型，全区家长们眼中的理想学校，北京市许多重大改革实验的项目学校，还引起了许多市内外教育同行的关注，这确实也创造了一个奇迹。

骄人成绩的取得，受益于政府的政策与社会各界的关心支持，更得益于翡翠城小学师生们的不懈努力。其中，最重要的因素之一，是学校有着很好的办学理念。当我第一次踏进这个学校时，学校才开办两年，但无论是学校的整体布局还是图书馆、食堂、宿舍的精致安排，无论是课堂教学还是丰富多样的家校活动，无论是与校长的交流还是与老师们的不经意的聊天，都给我一种十分强烈的感觉——这是一个真正为孩子们办的学校。确实，小学校是为孩子们办的，这是一个很朴素的道理，但在实际办学中，孩子们的想法、视角、便利是很容易被边缘化的，以至于我们在小学校中也感受不到多少"孩子气"的东西了。翡翠城小学的每一块场地、每一次活动都会让你感受到孩子们的生命气息，他们是这里的主人。如今，学校又在几年办学的基础上，进一步梳理了办学思想，提出了"绿色成长"的理念，引导学生"悦己爱人，智勇双修"，努力使翡翠城小学成为孩子们"梦开始的地方"。

从中也让我们相信，在翡翠城小学，老师们的所作所为与校长的所思所想有了很好的默契，而其真正的统一之处就在于所有的干部教师都致力于让孩子能够自然、自主地共同成长，在让孩子们产生梦想、实现梦想的过程中，实现了教师提升专业水平与生命质量的梦想。

学校办学得到了社会各界的广泛认可，中国教育电视台、北京电台城市广播、新京报、现代教育报、京华时报、法制晚报、信报、劳动午报、新浪网、人民网等多家新闻媒体先后对学校进行了报道。然而，对我们而言，更为重要的是每天呈现在我们眼前的是师生自由、舒展的一种生命状态。这是我们最看重的成果，也是让我们感到最欣慰的地方。这种最美丽的"校园表情"使我们确信，翡翠城正在慢慢地向我们理想中的学校靠近。

"绿色成长"作为我们办学的核心价值观和指导思想，它已经成为学校里的一种特殊符号与行动指南。"绿色成长"文化已经根植于师生、家长心中。身在校园中，它是可观可感的一树一草，一桌一椅，是供我们享用的物质文化；它又是如影随形的一嗔一笑，一思一悟，是令我们回味、直抵灵魂的精神文化。

教育纵贯线

"Q 萌组合"的成长

在孩子们各种能力的培养中，我们最珍视的还是他们的原创力，它发自孩子内心，寄托着他们的梦想与希望，虽然有些幼稚，但是民族的未来与希望就蕴藏在那里面。

开少代会的时候，孩子们有一个提案是让学校设立奖学金，我当场质疑："奖学金可以设立，但是想奖励你们哪些方面的表现呢？"孩子们七嘴八舌：学习成绩好、乐于帮助人、实践活动表现突出、各种比赛获奖者……他们说得很全面，我笑着说："这些是应该奖励，但是我最想奖励的是那些能够发挥自身聪明才智，进行各种创作的学生。"就是这次少代会，开启了孩子们的创作之旅。几年时间里，有的孩子手绘连环画好几十本，故事情节引人入胜，画面充满童趣；有的孩子将读书感悟制作成动漫，供大家分享；有的孩子改编课本剧，师生同台演出；有的孩子把班级和学校里发生的事情写成剧本，招募演员，搬上了学校的舞台。

这里有一个"Q萌组合"格外引人注意。前段时间听一个来校的记者说：你们的学生了不得。细问才知道，他中午在校园里闲逛的时候碰到了"Q萌组合"，当问到她们为什么要在一起创作的时候，她们脱口而出：追求奢华低调有内涵的生活。真是语出惊人！然后她们又具体解释奢华是追求一种高品位、低调是不张扬、有内涵就是希望自己的生活能够丰富多彩，不浪费光阴。这就是刚刚升入六年级的小女生的自白，校内外宽松的成长环境是孩子们自主、快乐成长的肥沃土壤。

"Q萌组合"里面的四个女生，两个编舞、一个作词、一个作曲，从四年级的时候组建，两年间已经创作了五六首歌曲，《千纸鹤》《好运气》《快乐狂想曲》等校内师生都很喜欢。《童心梦工厂》是他们创编的第一首歌曲，词作者说："这首歌是唱给那些上无穷无尽的补习班，没有了自由的孩子们的。"这话道出了孩子们对于自由的向往。曲作者说："我们用天真烂漫的曲调，修改了很多遍才完成的。后来是音乐老师帮我们记录下谱子，并进行了钢琴伴奏。"编舞的女生说："我们在想歌名的时候花了很大的心思，总也想不好，我们很想放弃，但是最终我们互相鼓励坚持了下来，我们学校是梦开始的地方，于是我们想出了《童心梦工厂》这个好名字。"

孩子们的歌词跳跃，里面有童心对梦想的渴望，有她们排练时的影子，更加警醒我们应该贴近孩子倾听他们的心声：

"我们小孩也有秘密，你们大人不要着急，我们的世界就这样简单无比。来到孩子们的乐园，你需要认真发现，要想进入就要有天真的心。水映画面飞向蓝天，梦想会实现。家长给我们报了课外班，我们的梦想已经遥远。放了我们吧，我们需要自由，也需要心灵上的实现。白鹤仰望白云，花朵依然开放，我们在阳光下戏耍玩闹。到黄昏了，安静了，我们的心灵在夕阳下绽放。"

第六章

『绿色成长』文化的辐射

　　文化传播有多种分类方式，仅从文化传播的方向上来看，可分为两种类型：一种是纵向传播（vertical diffusion），表现为同一文化内知识、观念、价值规范等的传承，与我们通常讲的文化传递（cultural transmission）大体无异；另一种是横向传播（horizontal diffusion），表现为不同文化的接触、采借，与文化输入、文化借用同类。

　　涵化与濡化作为一对文化范畴，都与教育有着密切的联系。在教育过程中，这两者都是必须的。涵化使受教育者接受不属于本团体、社区的生活方式、价值习俗，既拓宽了其视野，又激发了其创造力，进而为文化变迁提供了动力；濡化使受教育者适应本团体、社区的生活方式和知识观念，促成了其社会化。

——郑金洲[1]

　　"绿色成长"文化提倡的是一种自然、共生、生活化的教育形态。学校在发展过程中，不仅和教育同行保持密切合作，还走进家庭与社区，发挥家校社的互补共育作用，为学生提供了一个完整的教育空间。在自身不断发展的同时，"绿色成长"文化也在对外合作中不断发挥积极影响，在不同层面上向外辐射，带动或促进了其他学校的办学发展，提升了广大家庭和周边社区的协同育人水平。在本章，我们将介绍"绿色成长"文化十几年来是如何向内深化和向外传播的。

---

[1]　郑金洲.文化传播与教育 [J].华东师范大学学报（教育科学版），1994(4)：55-62.

第一节　对学校发展的借鉴意义

经过实践检验而展现勃勃生机的"绿色成长"文化，不应仅仅是翡翠城堡中师生的"成长专利"，更应该成为兄弟学校中所有师生的"成长红利"。多年来，我们一方面扩大办学规模，拓展文化优势效应，另一方面积极和兄弟校间互通有无，取长补短，精诚协作，共同连成一道基础教育的美好风景。

一、对名校长工作室成员校的积极效应

2019年3月，"中小学校长国家级培训计划卓越校长领航工程名校长领航班张文凤校长工作室"成立，成员校覆盖北京市十一个远郊区，师生总数达一万五千人次。工作室建设借鉴城市网格化管理的模式，借助信息化手段，将工作分为三个单元网格，分别为学习与思辨，诊断与改革，辐射与帮扶。将工作和评价分离，充分发挥由党建干部组成的督导评价职能部门的促进功能，使得工作室切实达到预期目标（见图1）。

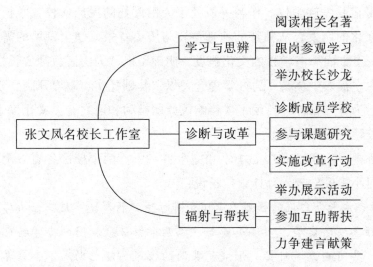

图1　名校长工作室建设

经过近两年的指导帮扶，工作室成员校有了明显的改变，不论是校长自身

还是所带学校，都从翡翠城"绿色成长"文化中汲取营养，然后反哺自身学校，促进自身学校教育教学和文化建设的不断提升，使其焕发出了更加蓬勃的生机。

1. 办学理念方面的借鉴

马驹桥镇中心小学邵学良校长说：

2019年，我有幸参与了张文凤名校长工作室学习与培训活动。张校长几十年如一日，潜心研究，大胆实践，逐步确立了"绿色成长教育"办学理念。张校长倡导的让生命自然、自主、可持续成长的教育与我校的生长教育特色办学理念有许多共同之处。两年来，我们学习借鉴绿色成长教育理念进行了初步的探索与实践。

北京市通州区马驹桥镇中心小学始建于1928年，目前拥有5个校区，170个教学班，5681名学生，400名教师。公元618年前后即隋末唐初时，马驹桥以及周边地区是放养军马的草场。当时为了便于管理，对公马、种马、仔马（马驹）分养分牧。马驹桥因水草最为丰美适宜放养马驹而得名"马驹里"。此后经历了由地名到桥名，又由桥名到地名漫长的历史演变过程。漫漫历史长河中，马驹桥人秉承舐犊情深的关爱精神，依据核心素养，以马驹桥镇深厚的历史文化底蕴为依托，在杜威教育生长论的基础上，确定了"践行生长，奠基幸福人生"特色办学理念。

怀柔区喇叭沟门满族乡中心小学，位于"京北第一乡"，是深藏在大山深处的一所寄宿制民族学校。作为一所处于大山深处的民族学校，学校受到"绿色成长"文化的启发，从独特的地理位置与历史背景、学生发展的需要和体现时代精神三个方面思考学校的文化建设，明确了以"为山区教师成长发展服务，为满乡学生幸福人生奠基"为办学理念，以"基础扎实、眼界开阔、学有所长、健康快乐"为育人目标，自编了《奏响民族团结的和谐之音》文化读本。

2. 学校管理方面的借鉴

北杨桥中心小学现有中心小学和完小各一所。两个校区各有6个教学班，是一所乡村小规模学校。孙桂银校长说：

在"绿色成长"文化的强烈感召下，同时受到翡翠城一校三址办学的启发，让评价引领各校区发展，实现美美与共。两个校区，相同的办学特色、相同的办学理念，共同的办学目标，形成了共同的校风"修己助人不，分享成功"。目前，两校区师资均衡，大官庄完小成绩提升明显，教学质量检测与中心校不相上下。

北京市房山区城关第二小学沙志娟校长说：

我们以"快乐工作、幸福生活"为目标，倡导"融洽宽勉和悦民主"的管理文化。在张文凤校长工作室中，我们确定的研究主题是"学校、家庭、社会协同育人的策略探究与实证分析"，在开题的准备过程中，我越发觉得苏霍姆林斯基多次指出的——教育的效果取决于学校和家庭教育影响的一致性。要调动一切可调动的力量，形成教育合力——这话真的切中要害。因此，我们开始探索1131家校合作之路，即一支家长委员会队伍，每个月组织一次校级家长委员会座谈会，每学期三走进（家长进学校、家长进课堂、教师进家庭），每学期一次家长学校讲座。在课题研究的过程中，我们有效地促进了学校管理，逐步实现了家校之间行动一致，信念一致，志同道合，为学生的健康成长搭建了一个精彩的舞台。

密云区第七小学践行"家长与学生共享阳光、家长与学生共同成长"的理念，设计出家长成长工程，即六年十二个学期的成长规划，对广大家长进行成长培训指导，收效非常显著。

3. 课程教学方面的借鉴

在课程建设方面，马驹桥镇中心小学以国家课程为主导，充分发挥马驹桥地域文化优势，整合校本课程、社团活动、兴趣小组、主题课程、社会实践，倾力构建适宜儿童生长的骐骥课程体系，服务学生内涵生长。骐骥课程又称千里马课程，低年级主题是小马过河，中年级是骐骥一跃，高年级是志在千里。旨在让每一名儿童像小马驹一样，在马小这片沃土上茁壮成长。这充分借鉴了翡翠城基于儿童生活、生命和生长需要的课程理念，使课程真正成为儿童生长的"加油站"和"助推器"，也使学校教育呈现出了万千风景。

北京市延庆区大柏老中心小学郭志强校长说：

北京小学翡翠城分校倡导"自主本真 互动生长"的课堂文化，这一点我们深受启发，经过干部教师的深入研讨，我们充分学习和借鉴了"绿色成长"教育理念，提出了自己的课堂教学追求："扶"与"露"的课堂。

"扶"的课堂，体现两方面的意义。第一层意义是体现课堂是生命的课堂，就是坚持立德树人，充分尊重每一个学生独立的生命个体，关注学生的生命成长，培育学生健全的人格，关注每一个孩子的个性化发展；第二层意义是体现课堂是生态的课堂，教师遵循科学的知识呈现规律和学生学习过程的规律，把课堂教学的过程转变为学生发现问题，思考、分析问题，最终通过个人或合作解决问题的过程；"露"的课堂也体现两方面的意义。第一层意义是体现课堂是生机的课堂，学生在课堂上的学习过程，就是浸润阳光雨露的过程，是在不知不觉中的成长与发展；第二层意义是体现课堂是生长的课堂。学生在课堂上感受生命的成长，经历知识的构建，体验问题的探究与解决，增强成长的自信。

4. 德育活动方面的借鉴

北京市燕山向阳小学魏慧萍校长办学有自己的坚守与主张，"绿色成长"文化倡导的要结合学生的生活实际促其成长，她特别赞同，将其和自己学校的理念相结合，在实践育人方面有很多探索：

贴近孩子们的生活，让孩子们在实践中学会生存。在家委会、社区、企业志愿者的大力支持下，在学生自主选择基础上开辟了家庭劳动岗、班级值日岗、社区服务岗，开发了《整理课程》，引导学生学会整理环境、整理时间、整理思维、整理情绪、整理人际关系等。经过一段时间的实践训练，孩子们的劳动能力逐步提高；贴近孩子们的需求，助力孩子学会学习。课程开发团队以问题为导向，强化多场景活动体验，丰富学生表象。学校开展的定向猎狐实践课程，让学生充分结合学科课程当中文本解读、观察地图、测量距离等内容，通过合作实践，提升综合能力；贴近社会，唤醒孩子们的家国情怀和社会责任感。孩子们在燕山北台综合实践基地学习翻地、播种，到燕山石化公司展厅、燕山牛口峪生态湿地参观、做讲解员和实践体验，在社区街道参加志愿者服务，到商场学购物，到法庭模拟断案，到税务机关学习纳税知识……丰富多彩的实践活动，让孩子们融入社会，家国情怀和社会责任感被唤醒。

北京市顺义区李遂中心小学姚磊校长收到翡翠城"学生一日常规"的启发，开发出"一日流程管理"德育课程，落实"规则教育"，即《校园1234567》和《李遂小学一日常规》，通过引导、帮助、监督、检查、评价等途径，逐步使学生养成良好的"自律"意识和能力：

《校园1234567》包括：诵读1篇励志名作《少年中国说》。确定2个发展目标：个人目标和社会目标。唱响3首歌曲：中华人民共和国国歌《义勇军进行曲》；《我们是共产主义接班人》；李遂小学校歌《阳光少年》。做好4件大事：学会生活、关爱他人、参加社会实践活动、培养个性特长。做好5件小事：备齐学具；行走有序；倾听发言；分享快乐；谅解他人。做到6个坚持：坚持每天吟唱歌曲；坚持每天锻炼身体；坚持每天赞美他人；坚持每天诵读诗文；坚持每天提出问题；坚持每天鼓励自己。做到7个严禁：即严禁七个不文明、容易造成校园伤害的行为。

《李遂小学一日常规》包括：十五个学习生活的关键指标，即早晨、上学、进校、晨读、上课、课间、两操、升旗、午读、交往、放学、作业、生活、健康、睡眠。每项指标提出了具体的行为要求，如：早晨"起床饮水、随后方便、认真洗漱、吃好早餐"；上课"坐姿端正、倾听发言、静心思考、积极分享"；课间"备好学具、行走有序、健康游戏、按时回班"；生活"做件家务、多食果蔬、收看新闻、睡前读书"；睡眠"九点睡觉、六点起床、午间小憩、课间养神"等。

二、对其他兄弟学校的辐射带动

北京小学翡翠城分校在 2018 年初，率先在区域内成立了教育集团，牵手另外两所农村校，共同探索促进区域教育优质均衡发展之路，收到了显著成效。史殿柏是翡翠城教育集团大兴区礼贤镇第一中心小学校长，他也是从翡翠城孵化出去的干部。他认为：

大兴区委教育工委、教委领导审时度势、英明决策，将大兴区礼贤镇第一中心小学纳入翡翠城小学教育集团，尝试集团办学模式在大兴区还是首次，我们感到非常幸运。自加入翡翠城教育集团校以来，在张文凤校长的指导下，在"绿色成长"文化的引领下，学校有了更加明确的教育发展目标，办学思路得到更新，学校被激活。

礼贤一小作为一所农村校，师资力量相对薄弱，发展动力不足，教育教学思路、模式相对保守，教育方式单一。教育集团成立以后，我们坚持"绿色成长"文化中"以人文本""可持续发展"的思想内涵，带领干部教师共同研制学校三年发展规划。集团内开展了一系列行之有效的帮扶活动。

教师轮岗带动。翡翠城每学年给礼贤一小派来两位轮岗教师，都是市区级骨干，进行业务交流和带动。还鼓励骨干教师和短缺学科教师在集团校之间双向流动，盘活教师资源，建立优秀教师引领下的教研一体化，促进教师队伍的专业发展及教育资源的整合。

优质资源共享。在集团校的模式下，我们能够经常参加翡翠城分校的教学观摩研讨、"班主任草根论坛"等活动。通过联合备课、教学研讨、送精品课等活动，充分发挥骨干教师辐射带动作用，产生了正向集群效应，促进了教师教育理念的转变、教学能力的提高、科研水平的提升、学科知识的补充、教学业绩等方面的提高。

视野开阔提升。集团校不定期组织校长、教师外出学习提升。集团先后组织干部教师到淄博、南京、无锡、苏州参加学习交流活动，开展教师去凉山州的扶贫支教活动，让老师们走出去，也把我们优秀的教育教学方法传递出去。

自学校加入北京小学翡翠城分校教育集团以来，干部教师齐心协力，干劲十足。学校在义务教育阶段学校管理标准达标验收工作中，顺利通过验收，被评为大兴区"义务教育阶段学校管理标准达标校"。先后被评为大兴区"文明校园""养成教育达标校""校园阅读项目优秀校""宣传工作先进校"等。

沈玉新校长是我工作室的成员，同时也是集团校的成员，她每次都坚持参加活动，严谨治校，在几年的跟岗中，她觉得"绿色成长"文化中"成长"这个概念，给她的感触最深，在校内，她启动了仪式教育，颇有成效。她说：

仪式是一个人生命的顿挫，成长的标点。学生成长，需要关键事件的涵养，为了让孩子对生命中每一个重要的日子刻骨铭心，亦庄镇第二中心小学站在学生成长的视角精心策划，以"唤醒生命，植入信念"为设计理念，开发了学生自我成长中的节日——仪式课程。即：一年级入学礼、二年级入队礼、三年级志愿礼、四年级成长礼、五年级军营礼、六年级毕业礼。仪式课程不流于形式，本着"全员化、全程化、主题化、立体化"的原则，将"小题"大做、"大题"细作。"六个礼"分别围绕"责任、爱国、担当、感恩、爱军、梦想"主题进行设计，创新仪式内容，注重学生参与，突出过程体验，增强育人实效。对学生的思想引领、价值追求、行为方式有深刻的启迪和教育的作用。每个仪式课程力争做到四个一，即：一徽章、一证书、一首歌、一宣言。通过这"四个一"力求在学生每个成长的重要节点，留下美好的文化印记。

来学校参观的校长络绎不绝，近些年我们接待了上万名的干部教师来访。河北省大厂城区第二小学校长柴东升说：

在翡翠城通过十几天的跟岗学习培训，我受益匪浅。这所创建于 2008 年的名校，虽然只有短短不到十年的办学历史，但在张文凤校长的带领下，学校已经向我们展示出了大气、平实、优质的首都基础教育形象。

文化引领，人文管理。我在翡翠城分校跟岗学习期间，张校长先进的教育理念和个性的办学思想，大胆创新的管理实践，带给我深深的思考。在张文凤眼中，让生命自然、自主、可持续成长是绿色成长，而这也是每个生命个体的积极诉求，帮助他们实现这种诉求，就是奉行绿色成长教育理念的学校存在的意义所在。也正因为有了这样的绿色成长管理理念和人文关怀，使教师们的心紧紧地凝聚在一起，才成就了今天的翡翠城分校。

教师专业，扎实发展。翡翠城分校重视促进教师发展，并把这作为自己最重要的管理工作，作为办学的着力点。学校以自主发展成就教师的专业发展之路。"拼图文化"是学校遵循的管理理念，坚信"每位教师都精彩""每位教师都重要"，努力打造"大气智慧，自信优雅"的教师团队，将它作为学校可持续发展的不竭动力与源泉。我校在促进教师专业成长方面，也多是采取走出去、请进来等多种方式，积极为教师搭建成长平台。由于教师平均年龄偏大，在如何促进校内教师自主发展方面翡翠城分校给我很大的启示。

素质教育，硕果累累。在翡翠城分校我体会得最深的是学生的主动、全面、和谐、特色发展，成为每一个教育人首要关注、用力最多的工作。在翡翠城分校，从我直观的感觉，看到的孩子是自然的，这个"自然"的重点体现在遵从孩子的自然成长规律，而不是一味给他拔高，又不压抑孩子的成长。另外，就是遵从孩子的自主发展，让孩子离开老师这根拐棍也知道怎么学习，教给孩子自己成长的本领。

清镇市红枫第五小学是我们非官方的手拉手学校，对他们的帮扶已经进行了五年之久，我们选派优秀教师到他们那里去送课、培训，他们派干部教师来学校学习，每个学期都有条不紊地进行。肖胜兵校长说：

自2015年4月与北京小学翡翠城分校签署友好学校协议以来，清镇市红枫第五小学全体干部教师已经轮流去培训了一次，翡翠城还多次派优秀教师来学校指导，为我们提升教育质量，起到了积极的促进作用。

总之，我们愿以教育为媒，以"为了孩子们更好地成长"为总目标，和各位教育同仁一起，在"绿色成长"文化的氛围中，办好每所学校，教好每名学生！

教育纵贯线

走进绿色成长教育

——跟随张文凤校长学做管理

2019年阳春三月，带着崇敬与期待，我加入到张文凤名校长工作室。至今依然清晰记得3月14日在北京朝阳实验小学，教育部和北京市教委领导为张校长工作室颁牌的激动时刻。第一次见到张文凤校长，她留给我的印象是知性、优雅、大气、干练。接下来的日子里，我和其他12名学员在张校长的带领下开始了办学管理的研究与实践。

3月22日,工作室的学员们第一次走进翡翠城小学,第一次与张文凤校长面对面交谈,第一次了解"绿色成长"文化。那天,喜悦与激动在我心中汇聚成一句话:抓住资源,勤学善悟,助力成长。通过一年多的学习与实践,我的收获颇丰。

一、基于儿童立场的办学主张影响着我

在跟张校长学习的日子里,我听到最多、感受最深的是张校长提出的绿色成长教育。翡翠城学校在绿色成长教育办学理念指导下,收获了很多荣誉,也赢得了学生、家长和社会的认可。通过跟随张校长学习、交流,我体会到绿色成长教育就是基于儿童立场、基于学生主动发展和可持续发展的教育。张校长把这样的教育主张融入学校管理的方方面面并深深影响着我。

记得第一次来到翡翠城学校,我就被学校开放的、温馨的、充满童真童趣的校园环境所吸引。楼道里处处可见图书、计算机、视听系统、钢琴等乐器,孩子们触手可及。学校还根据不同季节举办相应的主题活动,比如秋天会有收获节,孩子们把自己的劳动成果以各种方式呈现出来,放在楼道和教室里与同学们进行分享。亮丽的色彩、多变的空间、好玩的东西带给孩子们的是愉悦的心情,是主动发展和快乐交往。翡翠城学校的"绿色成长课程"体系更体现了张校长基于儿童立场的办学主张。丰富的课程资源,菜单式的供给方式,满足不同学生的需求,为学生的成长提供支持和保障。正是这样的教育主张,使学生获得健康、茁长的成长。记得2019年12月翡翠城学校承办了大兴区语文教研周活动,来自全国的名师与孩子们一起上课,一节节精彩的语文课上,翡翠城学校的学生大胆、自信的表达,积极主动的交流,良好的学科素养使来自全国的教育同行为之赞叹。

在绿色成长教育理念的影响下,我边学习、边实践,在学校管理过程中更加关注儿童的发展需要,借鉴"绿色成长课程"体系完善了学校的课程体系,尝试构建《根系中华——陌上花开》主题综合实践课程体系。同时,在环境育人方面我也借鉴张校长"自由、开放、可持续发展"的理念,着眼于学生的自主发展。通过合并功能用房的办法腾出两间教室,为学生建立了开放的阅读吧;利用楼顶平台,开辟了空中花园和门球训练场地,进一步拓展了学生的活动空间。目前,我们的学校更加充满人文气息和儿童的味道。

二、文化引领团队建设的理念启迪着我

每次走进翡翠城学校，都会看到老师们亲切、积极地打招呼，只要你有需求，他们就会耐心为你引路，耐心介绍学校的一草一木、一墙一室，让人感觉到主人的热情与周到。每次参加翡翠城学校的研讨会，都会看到老师们分工明确、团结协作，他们或承担主持工作，或作为主讲人，都主动发言、踊跃交流，研讨气氛热烈。每次进入翡翠城学校的课堂，你都会感受到老师们把"尊重生命、尊重儿童"的绿色成长理念深度融入每一堂课之中……这些都体现着张校长文化引领团队建设的成功。记得张校长给我们介绍她带队伍的策略之一，就是用校长的文化引领力带动群体对文化的认同，翡翠城学校之所以在短短的十年就办成一所名校，得益于教师团队建设。基于此，我在学校管理过程中也借鉴张校长的方法，用文化凝聚人心，用雁阵思想历练队伍。

上学期初，围绕我校的办学目标"办一所春风化雨的生态学校"和育人目标"培养仁爱 勤思 悦动 日新的春熙少年"，再次展开干部教师大讨论活动。我学习张校长的方法，通过层层培训和讲说，使团队对办学目标和育人目标再理解、再认识、再实践，不断调整和矫正我们的办学行为，使文化追求不跑偏。"办一所春风化雨的生态学校"就是要回归教育的生命立场，以春风化雨的情怀，默默滋润孩子生命的自由成长。围绕办学目标和育人目标，我们重新梳理了教师、学生的评价方案，使教、学、评与办学目标、育人目标保持一致，干部教师的工作动力更足了。

张校长把在学校团队建设过程中的好方法也带到了工作室的建设中。还记得在工作室成立后的第一次活动中，张校长细致讲解了工作室的目标、原则以及年度工作设想，让我们每位学员明白努力的方向。一年多以来，她带领工作室团队进行丰富多彩的办学实践研究与探索。她从学员需求出发，引导我们进行理论学习、学员之间互相入校走访、办学思想汇报交流、聘请专家诊断提升等；翡翠城小学承办全国部编版语文教学展示活动，她优先给我们学员及教师预留听课证；翡翠城学校举办开题论证会，她也会安排我们学员全程观摩；张校长还及时推送全国培训信息，组织我们团队外出学习。在张校长工作室，我感到了团队的力量，学习到更多她带队伍的思路和方法。

三、通过阅读丰盈自己的习惯带动着我

清晰记得，张校长在工作室成立之初就跟我们分享了自己读书促进成长、读书丰盈自己的经历。她倡导工作室学员能做到每月读一本书，用读书交流推动工作室的活动，用读书交流带动学员的成长。她先后向我们推荐了《欣赏性探究：一种建设合作能力的积极方式》《管理的本质》《教育常识》等书籍并进行了读书分享。她认为作为校长，要注重阅读，善于在阅读中寻找智慧，要从碎片化阅读转向系统的、有目的的阅读。阅读能开阔人的视野和襟怀，也能改变我们的心智模式，能使我们更深刻理解教育，感悟人生。

的确如此，"最是书香能致远"。张校长的阅读习惯影响并带动着我，通过阅读使我对教育、管理、教学的思考更加深入、理性。工作室第一次活动之后，我就在自己的学校启动了干部教师读书工程，与现有的"学生大阅读项目"一起推进。教师阅读书目采取自订书单与学校统一购买相结合的方式，利用每周一下午的"春熙大讲堂时间"进行阅读分享。老师们阅读分享了《给教师的建议》《怎样培养真正的人》《静悄悄的教室》《第56号教室的奇迹》《混合式学习》，有的老师则分享了儿童文学《青铜葵花》《肖洛的网》《秘密花园》《不老泉》等。如今，我们的读书交流分享活动深受教师喜爱，老师们还带动学生读书，带动家长读书，阅读交流分享时间也是心灵沟通、思维碰撞的时刻。

绿色成长教育有着丰富的内涵，走进翡翠城小学，走近绿色成长教育，张校长尊重学生、尊重规律、崇尚自然的办学思想深深影响着我。在做校长的路上，我将且行且思，在办学思想和实践中大胆探索，向张校长那样做"一切以学生和教师的可持续发展为本"的好校长。

（作者沙志娟为张文凤工作室成员，房山区城关第二小学校长）

第二节 对学生家庭的积极效应

一所学校鲜明的文化势必会通过学生这个媒介传导到千家万户，对学生的家庭产生深远的影响。我们尽可能多地向家长宣传学校文化，通过组织各种活动让家长了解、践行"绿色成长"文化，使其认同这一文化理念并在自家践行。经过十几年的努力，"绿色成长"已经走入了千家万户，为家庭教育的提升和完善贡献了力量。

一、趋同育子观念

如今，家长价值取向的多元直接影响着子女价值观的形成，而有些家长的不良价值观，不利于孩子形成正确的价值观：例如，有些家长对孩子过高的期望使得孩子成长"超重"，孩子失去童年的乐趣，变得老气横秋；有些家长过度的关怀与呵护使得孩子变得娇惯与放纵，难于自立与自强，给孩子今后的成长增加阻力；有些相对封闭的家庭环境使得孩子成长缺少应有的社会交往，缺乏合作意识与社会适应能力，造成很多孩子长大后依然蜗居在家中啃老，抵触社会生活。在问卷调查中，我们了解到家长们对于孩子上学受教育的认识也不尽相同：有些家长认为，孩子送到学校，就全部交给老师负责，自己就可以解放了；有的家长则以为，孩子在学校里快快乐乐就行了，成绩可以不必那么优秀；还有的家长认为，学习好、不挨欺负就行，别的无所谓。家长的这些不同声音直接影响到孩子在学校里的一言一行。我们感觉到在"把孩子培养成什么样的人"上，非常有必要通过交流研讨达成共识，只有认识统一才能采取相应的行动，进而收获好的教育效果。我们从"绿色成长"文化的培养目标解读入手，通过内培与外引两个层面让家长在"家长学堂"中接受有序培训，对"培养什么样的孩子""用什么样的方法培养"等问题初步达成共识。

在这个过程中，只要发现孩子们成长中一些共性的问题，我们就及时疏导沟通，不让它积压下来。记得当时带孩子出国游学时发生了三件小事，给我很深的触动，我立即以《理智做父母》为题，在"家长学堂"中和教师、家长们进行了沟通。

第一件发生在美国的课堂上。为了传播中国传统文化，我们随行教师带去了几节课，教给美国孩子书法、打中国结、扭秧歌等，因为我们的学生和美国孩子在一个课堂上课，所以对比非常明显，当遇到困难，老师们问谁需要帮助时，我们的孩子有几个同时举手，迫不及待地请求老师帮助，而美国孩子没有一个需要帮忙，他们笨手笨脚、满头大汗，到课间了也不休息，就坐在那里执着地摆弄。这个小细节带给我一些震撼，这个现象的背后是什么呢？我们可能太关注孩子的成长了，无论在学校还是在家里，都是给孩子绿色通道，一有诉求就给予回应，为他们做的很多，以至于孩子们最原始的那种好奇、探究欲被掩盖了，遇到一点困难就退缩，就想抄近路——求助，因为肯定会有人来帮忙，这样可以不费脑筋，孩子们的勇敢、执着、耐性等优秀品质难于形成，这应该是我们教育上的一大隐忧。

第二件发生在比萨联欢会上。游学即将结束，在友好校的花园里孩子和家长、老师们一起进行"比萨联欢"，孩子们上台汇报收获，互相交流，很融洽。吃比萨的时候，我发现大多数孩子吃一块取一块，我们有两个孩子每人一下取了五块，找了一个角落闷头吃起来，吃完后有一个孩子又去取了五块，我悄悄地走过去，轻声问他："你吃得了吗？"他点着头又吃起来，但速度渐渐慢下来，最后三块说什么也吃不了了，这时我看到来得晚的个别孩子没得吃了。这些现象不带孩子们出来是很难发现的，孩子的旁若无人与占有欲望，应该说是我们的溺爱结下的苦果。

第三件发生在接待会上。我们的家长们在和美国大学生交流，孩子们在旁边的大厅里奔跑、喊叫，完全沉浸在自己的欢乐之中，没有注意到影响了大人们的正常交流，但是家长们没有一个人制止自己孩子的行为。孩子们无法分清公共区域与私人空间的概念，我们家长是否也没有意识到这是一种很重要的公共道德？这种细小的礼仪正是成就孩子未来的重要品质。

我向家长们明确指出无原则的溺爱孩子和以工作忙为由对孩子不闻不问都是不对的，孩子的成长是需要家长和老师的共同引导与陪伴的。我们应该从身边的小事做起，从自身做起，更加理性地爱孩子；要善于构建良好的家风，父慈子孝，夫妻和睦，尊老爱幼，这些老规矩，这些传统美德，不应该丢掉；教育不仅是说教，更是身体力行，它是一种全面的浸润。当你希望孩子成为什么模样，你自己就先成为这样的人，因为孩子就是家长的翻版和影印件。我们抓住孩子身上出现的问题，在一次次与家长的沟通与交流中，不断把正确的育人理念传递给家长！在家长问卷调研中，他们对于学校的满意度排位第一的就是：学校理念好，关注学生全面发展，学生学得轻松，作业量少。这种认同，表明了家长对"绿色成长"理念的认同，也证明了这一理念已辐射和渗透到广大的学生家庭之中。

二、统一合作方向

在很多家长的认知中，家校合作就是家长向学校捐赠一些物品。其实，在捐赠物品上，他们为班级提供一些贴画、盆花等小物品装饰班级文化这是可以的，但是要注意一个度的把握和方向的统一，否则可能使家校合作走偏。学校是一个神圣的育人场所，如果没有方向的引领，家长的捐赠风会越演越烈，严重损害教育的尊严；对于孩子而言，父母捐赠物品会对孩子产生不同的心理影响，捐物的骄傲，没捐的自卑，对他们健康心态的形成是不利的。在家长会上我和家长们交流想法，当谈到我们要在校内创设平等公平的教育时，家长们报以热烈的掌声；我们努力让家长感到学校关注的是每一个细微之处，考虑的是每个孩子的成长，努力让他们心服口服，进而拉近了他们和学校的距离。我们在不同的场合宣讲理念，让家长从捐赠物品转向关注孩子的成长和教育，为学校提供教育资源。比如"家长讲堂""家长义工""故事妈妈"等等，是我们大力提倡的方式，因为教育孩子是大家的事情。家校合作方向的转变和达成共识，彰显了"绿色成长"文化的内涵与追求，使家长们慢慢地在活动中理解了自己的职责与担当，促进良好的对外交往文化初步形成。

家长们拿出了极大的热情参与到共同教育孩子的行列中来，经常自主参与到课堂教学中，成为课堂教学的志愿者。他们是"父母助教"，给孩子讲故事；提供自己熟悉的专业知识，开设"家长讲堂"；积极主动参与学校组织的各种活动。亲子趣味运动会上他们和孩子奋勇拼搏，和教师队接力比赛，腿摔破了还笑着连声说："组织这样的活动老师们辛苦了！"新年联欢会他们和老师一起布置会场，从家中搬来音响，专门置办服装和孩子一起为大家带来精彩的节目。我们的"快乐家庭学习苑"更是引起了家长们的极大兴趣，每到周末孩子和家长们几家自愿结成小组，这周到李家，下周到张家，到谁家谁家家长就负责几个孩子的作业辅导，并有计划地安排参观、游览等社会实践，其他的家长就可以利用周末忙自己的事情了；通过这个活动我觉得家长们在转变一种观念，那就是对孩子的一种大爱，把校内的其他孩子也作为自己的孩子一样爱，在合作中赢得了时间，提高了效率。

三、指导亲子关系

我们对家长提出的主旨性口号是：在陪伴孩子成长的六年中，让我们成为永远的朋友！我们将家长、教师、专家的育子心得在网站上分享，并印制了《走进我们的家——家长手册》，实现更多的资源共享；构建开放的信息系统，让家长能够有多种渠道和学校沟通，班级博客、家访、校访、电话、邮件、不同层面的QQ群、问卷等等，使之便捷化、常态化；每年的"六一"我们都要表彰一批热心公益的家长，让良善得以弘扬；在传达室对面为家长们创设了专门的活动场所"家长心苑"，里面配备电视、沙发、各种家教书籍、CD，方便家长会议研讨、等待学生、和教师交流，让家长们来到学校就有归属感。同时在校本培训中加大对教师的培训力度，将家校沟通作为教师"校本培训课程超市"中的必修课程。这种多管齐下的培训与交流使教师、家长都涌入到家校合作的快车道，使学校管理焕发出了勃勃生机。

在家校合作中，学校除了充分利用家长资源，形成教育合力，还要根据家长实际情况，创新家庭教育指导方式，为家长提供多元化、有针对性的指导服务。在一次以"唠叨"为主题的班会课上，五年级孩子们的心声让我们感到亲子之间存在着严重的代沟。孩子们写出了父母常唠叨的话："你看那谁多好，再瞧瞧你！""把玩的精力用在学习上，学习不会更好吗？""你快点写作业，快点，快点！""学习不如别人，一点出息都没有。""吃这个补充维生素。"从这些话中我们不难看出家长的用心良苦，我们归总了一下家长与孩子沟通的误区：盲目地拿自己孩子的弱点和别的孩子的强项比；学习成绩至上；家长对孩子过度关注；社会的快文化波及家庭，一切都是赶着向前跑。家长们怀着美好的心愿为孩子们规划设计好了人生，但孩子们并不买账，甚至因此不愿和家长沟通，产生了逆反心理。我们将孩子们的课上所言制作成视频让家长们观看交流，引导家长能够站在孩子的视角考虑问题，多给孩子一些自主发展的空间，允许他们的多样化成长。

融洽自主的亲子交往就从有效的沟通开始，为此我们搭建了形式不同的平台。在"我十岁了"的主题班会上，孩子们手里拿着家长给他们写的信，大多泪流满面，在这种深度交流中感受到了在自己的成长过程中，父母倾注了多少心血; "亲子阅读"活动中, 父母和孩子同读一本书, 家长贴近孩子感受他们的乐趣与思考; "亲子趣味运动会"上, 一家三口齐心协力, 奋勇拼搏, 感受着亲人间的互相鼓励有多么重要; "代孕体验"课程中, 一年级的小孩子不停地嚷着"太难受了, 太难受了", 他们回到家中发自内心地抱住妈妈, 喃喃说出"妈妈我好爱你"; 在"说说心里话"的家长开放活动中, 家长们读着孩子们情真意切的信件哑然失声, "妈妈, 看到您为了我的成长那么操劳, 我真的很心疼。但是您可知道我的周六周日比上学还要累, 您给我报的各种班排得满满的, 我连懒觉都不能睡一个, 我真的好累"; 在家长的"个性化心理辅导"中, 他们畅谈自己的苦闷与无助, 寻找通向孩子心灵的通道。就是在这些持续不断的活动中, 家长的观念在转变, 孩子们变得更加理性, 融洽的亲子关系在慢慢形成。

总之, "绿色成长"文化对于学生家庭的影响是全方位的, 正是在其影响的过程中, 教师、家长、学生都在成长。得益于我校文化对家庭的有效影响, 家校合作如今已成为学校发展的一个强有力的助推器, 成为学校办学一道亮丽的风景线。

教育纵贯线

翡翠城家长感言集锦

※ 翡翠城学校除了正常的书本知识授课外, 还开辟了单片机、小篮球等兴趣班。赵欢、赵乐兄弟俩都先后选择了单片机兴趣班。其实最初让孩子选择这个兴趣班的目的现在想来既盲目又可笑, 只是希望孩子们能接触点与电脑相关的知识。后来当哥哥代表学校先后参加大兴区和北京市航模、单片机比赛并几次获奖时, 我才知道原来孩子还有这个潜质, 挖掘出来竟然也不容小觑。哥哥的篮球投篮技术在年级首屈一指、弟弟代表学校去参加区里小学生足球比赛, 无不是受益于学校老师的培养。通过参与这些体育活动, 我发现两个孩子的集体荣誉感和团队协作感明显增强, 弟弟每次比赛前都认真琢磨队里人员的角色分工, 比赛后兄弟俩还认真地探讨失误在什么地方, 下次怎么避免类似的失误。

绿色成长教育关注爱的传递。每次家长会时总能在风雨大操场聆听到张校长关于教育的深层次思考以及关于学生成长中的问题的肺腑之言, 这些真心与真诚又通过老师们传递到家长的心上。翡翠城定期的家长会与公开课搭建了家长与学校沟通的桥梁，科任老师不仅能及时反映两个孩子的学习情况，而且对两个孩子的品性、优缺点的把握连我这个妈妈都觉得诧异。或许，这就是为什么两个孩子虽然先后都有过调换班主任或任课老师的经历，虽然每一次孩子们都对原来的老师仍是那么眷恋，但是又能很快地喜欢上新的老师，这如果不是每名老师的本性的淳朴与至真的关爱又会是什么。还记得第一次读到赵欢写给妈妈的一封信，还记得赵乐作文里写到的妈妈，细微之处都表明了孩子们的心里留下了感恩的烙印。

所以，诚如张校长所言，我们对孩子的爱不是挂在嘴上说出来的，说出来的爱太过肤浅，真正深沉的爱是在一点一滴中浸润的，是在一颦一笑中传递的，是融化在血与灵中无时无刻不自然流露出来的，身在其中的每个孩子都能感受到这种爱，它决不矫揉造作，它充满理性光辉、宽严并济。更为重要的是，孩子们在这之中感受到爱，还能以自己的方式将爱传递出来。

社会纷繁浮躁，张校长的执着与坚守，让学生的成长过程有规律、有尊严，永远不把逐利看作是堂堂正正、理所当然的事，这让作为家长的我也受益匪浅。一句"不能让孩子输在起跑线上"的广告语，让身边的许多家长们蜂拥进入了为孩子报各种各样辅导班的大潮，自己一度也因看到孩子们偶尔不是特别出色的成绩单而心思荡漾，但诚如张校长所言，教育即生长，一切教育和教学必须合于儿童的心理发展水平和兴趣的要求。而人生的经历与阅历也告诉自己，人生真的不是一场赢在起跑点的百米冲刺，而是一场与自己赛跑的马拉松。（赵欢妈妈）

※ 每次和同学同事们聊起孩子的学习生活及孩子学校的时候，每个人对北小翡翠城分校都是赞不绝口，我自己也是一样连连叫好，可是好在哪里，为什么好，大家又都说不出来。在后续的接触中，才真正系统地了解到学校的办学理念及绿色成长文化体系的形成。我慢慢了解到张校长及全体教职员工为了这些所作出的努力和付出的辛勤劳动。但所有的辛勤付出也收到更好的回报，翡翠城的孩子学得轻松、学得快乐、充满自信，家长争相将孩子送到学校，这种信任是对所有教职员工的认可，是对北小翡翠城分校的认可，同时也是对学校发展的最大鞭策与鼓励！"雄关漫道真如铁，而今迈步从头越"，我也要重新规划自己的生活以及职业生涯，把现在作为一个新的起点，重新树立梦想、目标，沿袭追梦—筑梦—圆梦这个动态的、发展的、循环的过程，不懈地努力，努力学习、努力工作，给孩子树立良好的榜样，让孩子在未来的学习生活中，持续

保留在北小翡翠城分校学到的优良品质。（于海鹏爸爸）

※ 张校长说："作为一校之长其对于学校的贡献应当不仅仅是当时在任时，更为重要的是在离开时可以为学校留下什么。物质会在历史的长河中慢慢消散，而精神的东西却可以永远长存，这就是学校的教育理念和办学思想，校长应该善于将梦想带给教师，并让梦想成为校内所有人的共同追求。"这也就是说，翡翠城要有自己的教育理念，有自己的教育梦。张校长明确提出翡翠城的教育梦——绿色成长教育。在绿色成长教育理念下，我们看到翡翠城城堡里，从校长到园丁，他们很忙，很劳累，然而他们很开心很快乐；城堡里的孩子们，他们热爱自己的学校，热爱自己的老师，喜欢上学，勤于思考，哪怕是奇思缪想，都会得到老师的尊重，所以他们是开心的，爱学习的。城堡里的小生命在健康茁壮地成长，书本知识只是他们学习的一部分，甚至是一小部分，在这里真正体验到了素质教育。（李懂妈妈）

※ 翡翠城是新建校，在孩子刚刚入校时，学校基础建设远不如现在完美，但不断的变化随时发生着，成长林，家长讲堂，空中广场等等，变化速度之快，令人惊叹，这些变化肯定离不开学校的最高领导人——校长。我清楚地记得一次张校长开家长讲堂，足足2个多小时，校长全程站着讲话，所讲的故事和感悟均来自实际案例，并从中提取深刻的教育意义分享给各位家长，把所有家长深深地感动了，台下几百人鸦雀无声，静静聆听。2个小时过去了，一直站着讲话的校长却在微笑着问台下的家长："坐这么长时间，累了吧！"就这么一句问话，足能显示出校长的心里只装着别人，关心着别人，而忘记了自己站了2个小时的辛苦。这时在我们的心里是多么心疼校长。这样的教育家，怎能不让人敬佩？

办一所新学校，所有的事物都是新的，从核心价值观到办学目标、育人目标，从校训、校歌、校徽、校树、校花到主体色，这一切都是校长带领着老师们一同通过寓意结合实际提炼总结而成的，里面凝结了太多的心血和用心。绿色成长教育，是尊重自然、尊重规律、尊重生命的自主成长，多么富有内涵的办学理念和指导思想；"悦己爱人，智勇双修"是翡翠城的校训，我在学校的电子屏幕上看到这几个字时，内心是满满的感动，短短的几个字，可以概括出整个人生的方向。"给学生一杯水，自己要有长流水"，这是书中的语句，是校长要求老师们的，其实所有的角色都通用，在家庭中，家长不学习长流水，就不能好好地教育孩子；在公司，领导不学习长流水，就不能影响到员工，很难形

成凝聚力。通过在学校的学习，我也会经常把这些故事分享给我的朋友们，每次说起时，自豪之情溢于言表。（王佳妈妈）

　　※ 看到张校长在追梦、筑梦、圆梦的过程中一直都在寻找更好的方法，倾注全部心血，从一件小事上就能体现：对于孩子在公共场合大声喧哗的事上，张校长引用"声量指标"这一方法，教会孩子在什么样的环境用什么样的声音讲话，教会他们自我约束，让孩子们懂得做事之前要懂得先做人，做一个健康、勇敢、自信、优雅的人。我想自己在对待孩子的态度上真的是应该改变，要真正地去了解孩子的内心，多鼓励孩子，相信孩子，能和孩子成为真正的朋友。爱你的孩子吧，无论美丑、无论聪明或迟钝，给予他信任是多么的重要啊！让孩子在我们共同的关注中健康地"绿色成长"吧！（陈香凝妈妈）

第三节　对周边社区的积极影响

　　社区是学校生存、发展的最密切的外部环境。我校的学生、家长80%是社区的居民，因而社区是学校办学最为重要的公共空间。在多年的办学实践中，我们非常重视与社区进行合作与联动，发挥校社共育的协同作用。而在这一过程中，"绿色成长"文化渐渐走出校门，走进社区，潜移默化地发挥了积极影响。

一、充分挖掘社区资源

　　通过调研我们发现：在我校上学的孩子家庭66%是三口之家，23%是三代同堂；家长对于学生成长关注的方面前三位是：健康状况占73%，学习成绩占71%，品德或性格培养占56%；家庭教养方式前三位的是鼓励孝顺占98%，鼓励自主性占97%，鼓励自我控制占95%。

　　学校周边社区资源见图1。

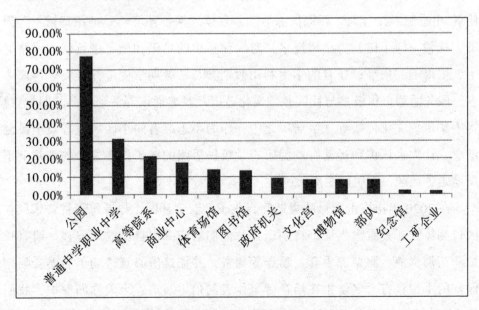

图1　北京小学翡翠城分校周边资源图

　　根据学校周边社区环境，我们充分挖掘其教育资源，为我所用。学校东墙紧邻翡翠公园，我们在围栏上开了一个小铁门，平时的科学课、美术课、语文课都有不少教师带着学生去公园里上课，孩子们特别开心，在优美、安全的大自然中，去习得知识，感悟美好；社区的相关人士也经常来到学校进行禁烟、消防等讲座，让孩子们增加自我保护意识，他们讲解的同时还会带来宣传展板巡展一段时间，孩子们闲暇时就聚在展板前观看，有的学生看到吸烟后人体器官变化的图片时，大呼："我要回家告诉爸爸，可不能吸烟了，太可怕了！"有的孩子听完社区叔叔的消防讲座，自行写出宣传语，配上儿童画，在校园里张贴。只要认真挖掘，做有心人，我们就可以给孩子们一个更为广阔的成长空间。

二、学校对社区的贡献

我们不定期地做学校对社区的帮扶统计（见下表），根据统计结果不断改进工作。首先加大图书的购买量，将更多的图书放在书香广场里供大家阅读；对于社区的一些公益活动我们无偿提供报告厅、体育馆、排练厅，让更多的社区居民能够受益；孩子们经常利用假期和老师一起去社区参加公益活动，慰问老人、义务宣传、义务授课等。有的学生参加社区居委会组织的"争做护绿小使者 小志愿者在行动"环保护绿活动，宣读"保护环境、爱护花草树木"倡议书，认领一棵小树，为小树浇水，对绿化丛中的垃圾和杂草进行清理，修剪枝干，忙得不亦乐乎；还有的学生利用假期参与"暑期学生进社区安全讲座"等志愿服务活动；积极参与社区儿童文化节以及经典诵读等活动，参与旧物置换，将中华传统文化传播到社区居民之中；作为小志愿者向小区居民普及全民健身理念，让大家认识到运动有益健康；学校民乐团的孩子们在老师的带领下不定期地走进社区，为居民演奏……

在2020年初抗击新冠肺炎期间，孩子们看到社区工作者每天冒着寒风在小区口测体温、查看出入证，特别辛苦，他们纷纷拿出自己的压岁钱，请家长帮忙购买消毒液、酒精、手套、喷壶等物资，并把这份心意送到了居委会阿姨和保安的手中；有一名学生在给社区工作者的信中写道：今天你们保护了我们，长大以后我们来保护你们！社区工作者特别感动，他们和我说：翡翠城培养的孩子太可爱了！为了大家，我们多累都值得！

北京小学翡翠城分校对社区贡献统计表

学校为社区提供的帮助		响应		个案百分比
		人数	百分比	
	安全教育	236	19.6%	44.1%
	家长学校	193	16.0%	36.1%
	入学指导	184	15.3%	34.4%
	硬件设备	182	15.1%	34.0%
	教育心理咨询	156	12.9%	29.2%
	学科知识	118	9.8%	22.1%
	图书资料	79	6.6%	14.8%
	文体指导	58	4.8%	10.8%
总计		1206	100.0%	225.4%

我们的教师利用休息时间，应邀为小区居民开设茶艺课程、国学经典诵读课程。每年的开学初，我们都会收到不同的居委会寄来的感谢信，感谢孩子们和老师们为社区居民所做的公益事业。十几年来，师生的良好形象赢得了社区居民的一致好评，感恩、有礼、阳光的师生形象已经确立。我们经常收到来自社区的感谢信：

贵校杨书杰老师在康盛园社区"新芽助长乐园"项目启动以来，在寒暑假积极参与到项目中来，为康盛园社区学生的发展及项目的推动提供了大力的支持和帮助。

三年来，杨书杰同志充分利用自己的业务知识和专业特长，参与为社区居民服务，为群众排忧解难的各项活动。特别是在暑假，社区"新芽助长乐园"项目中，杨书杰老师牺牲了假期的休息时间，为社区的小学生辅导功课，带领社区的小学生开展了各项社区公益活动，深受社区学生和家长的好评。

翡翠城在不断追梦的同时，努力承担起更多的社会责任，让"绿色成长"文化辐射到更多的学校、更多的家庭、更多的社区。授人玫瑰，手有余香，我们会一如既往，在这个美好的时代，让"绿色成长"教育为社会带来更多的美好！

教育纵贯线

快乐义卖，为雅安祈福

雅安地震以后，许多好心人都行动了起来，为雅安捐款。我们学校也开始了。老师要求用自己的零花钱，可是我的爸爸妈妈没有给过我零花钱。这可怎么办呢？于是我想了一个好点子：把自己已经不能玩的干净完好的玩具拿到社区公园门口去义卖。说到做到，周日我和婉婷就约好了时间，拿着自己的玩具到了约好的地点。

我们和社区的叔叔阿姨协商好后，就在社区的小公园里摆好了摊子，放好玩具。又戴上我亲手写的"为雅安灾区义卖"的条幅，便开始了我们的义卖活动。不久一位穿裙子的阿姨带着一位小姐姐来到了我们的摊子面前，我和婉婷忙说："这是我们搞的为灾区义卖的活动，这些玩具都是以前我们玩的，都很干净。"我接着补充说："大的15元、20元，小的1元、2元、5元的都有。""这么便宜啊！"阿姨惊讶地说。我和婉婷一看有希望，又忙说："是啊，因为我们玩过呀，买大的，还送您一个小的。"介绍一通后，她们开始挑选起玩具来，过了一会儿，我们便成功卖出了两个大毛绒玩具。第一次的成功让我们有了信心，我们继续卖下去。汗水直流，我嗓子都有点哑了，脚也站麻了，但我觉得这一切都是值得的。因为当我们看到雅安变回以前的样子时，当雅安的小朋友能正常上学后，我们也会露出欣慰、灿烂的笑容。

这次义卖活动，让我感受到了挣钱的不容易，虽然这七十多元钱并不多，但表达的爱意却很深很深。让我们一起为雅安祈福，愿他们能够早日回到自己原来那个美丽幸福的家园。

（作者廖翠竹为北京小学翡翠城分校 2010 级学生）

第七章

奔向理想的绿色成长学校

一个人真正的幸福并不是待在光明之中，而是从远处凝望光明朝他奔去，就在那拼命忘我的时间里，才有人生真正的充实。

——（日本）安藤忠雄[1]

教育是促进社会进步、经济繁荣的巨大力量，做好义务教育，对于提高我国民族素质，促进社会主义物质文明和精神文明建设，具有重要的战略意义。义务教育最突显的特征就是基础性，打牢"五育"基础，为学生人生扣好第一粒扣子。"十年树木，百年树人。"十二年办学，翡翠城发展的万里长征迈出了第一步，循着"绿色成长"文化的源头，我们一直努力奔着自己理想中的学校进发，在不断追梦的过程中我们变得越发强大、自信。

[1] 安藤忠雄.建筑家安藤忠雄 [M].北京：中信出版社，2011：26.

第一节　"绿色成长"文化的反思与改进

目前，"绿色成长"文化已经深入人心，不仅在教育领域，在社会上也有了很高的认可度。但是时代在发展，从国际环境看，国际竞争日趋激烈，新一轮科技革命和产业变革蓄势待发，互联网、云计算、大数据、智能机器人、三维（3D）打印等现代技术深刻改变着人类的思维、生产、生活、学习方式。构建现代教育体系，培养大批创新人才，已成为人类共同面临的重大课题和应对诸多复杂挑战、实现可持续发展的关键。从国内看，党中央确立了"五位一体"总体布局和"四个全面"战略布局，提出了创新、协调、绿色、开放、共享的新发展理念，落实"中国制造2025""互联网＋"行动计划、"大数据"战略，"全面二孩"政策的实施和人口老龄化加快，都对教育供给、布局和结构提出了新的要求和挑战。基于这样一个大的时代背景，"绿色成长"文化需要不断加以反思、总结和改进，对时代的新变化和国家社会的新要求做出积极的回应。我们主要从以下三方面进行思考：

一、核心理念更加凸显立德树人

我们的育人目标是培养快乐生活、勇于探索的梦想少年，随着时代的变化，"绿色成长"文化应该有更高的站位和更广的视野，要从更深刻的角度回答好"培养什么人"这个根本问题。进入新时代以来，"立德树人"被确立为教育的根本任务。在"立德树人"中，立德是树人的前提和基础，应该被摆在成人成才更加重要的位置。以前我们一直认为小学生年龄小，对于家国情怀有一些渗透即可，但是根据现今的形势来看，我们的重视程度和所做的事情可能是不够的。

应该引导孩子们从小树立远大志向，更加凸显学生的社会责任感、法治意识、创新精神、实践动手能力，强健体魄，培养劳动能力，提高文化修养，努力培养德智体美劳全面发展的社会主义建设者和接班人。同时，还要结合首都北京四个中心的定位，用明天的思维来做今天的事情；要融入社会主义核心价值观、中华传统文化的内容，更加重视价值观和人文素养的培养。

二、教师队伍更加凸显高素质专业化

2018 年 1 月，党中央国务院发布《全面深化新时代教师队伍建设改革的意见》，对于我国教师队伍的建设提出了全面的部署。确实，教师队伍的素质是学校教育发展的关键因素。学校应对时代变化的最佳方式，是引导教师群体不断成长和提升，只要教师跟随时代发展而不断提升，那么学校教育就能跟上时代的步伐。正是本着对此的清醒意识，我们引领教师根据时代的变化不断提升自身的专业水平和综合素质。

具体而言，我们要求教师在以下两个层面努力：

在知识储备上，必须更加全面。教学就是一种高尚的道德召唤，教师应该成为榜样——他们的生活会被学生效仿。我们现在的大多数教育活动只不过是在向学生的大脑注入某些东西，而不是让本来已经存在于学生灵魂中的真理显露出来。而要做到后者，就要求教师成为一个博学的人，成为一个具有丰富知识和个人特质的人。教师的专业知识储备必须充足，在教师的头脑中，教给学生的教科书里的那些知识，应该只是沧海一粟，这远非是一桶水与一杯水的关系。我们一直在说，学生所学知识要和自身实际生活相联系，那么教师也必须走出象牙塔，更多地接触社会，这样给学生的知识才不是无源之水，软弱无力。教师必须做多面手，具备应变能力、沟通能力、把控能力和社会感知力，将知识与实际生活联系起来，这对于教师专业的视野与宽度提出了新的挑战。教师的专业提升，仅仅关在房间里学理论或者站在教育里论教育不行，应该打开社会的广博视野，去广泛地认知、学习，才可以真正担当起新时代所赋予的使命！

在育人和评价方式上，更加凸显丰富性。不可否认，分科教学以及教学进度分割等在某种程度上限制了我们的教学改革。"绿色成长"需要的教师应该是善于合作，运用多种方式，调动学生的学习积极性……每一个教师都要尽量唤起学生对学科的兴趣，使他们爱上学科。这些学科应该塑造浓厚的探究氛围，引导学生探索知识的海洋，促进他们的全面成长。就像苏霍姆林斯基所说："儿童不仅应当为日后的学习做准备，还应当过一种丰富的精神生活，而不只是为明天掌握知识做准备。"除了知识的习得之外，教师还应该着眼于育人，关注学生除知识增长之外的精神发展，正视孩子们的整体生命的需求，培养其动手意识，提升其审美品位，提升其道德品质，引导孩子面向社会成长为一个有用和幸福的人。同时，教师在评价上也要更新观念，突破以往单一僵化的评价方式，采用动态的、过程的、全面的方式来进行评价，从而为学生成长提供了源源不断的动力。

三、让教育信息化为学校管理助力

以前我们谈"网"色变，以偏概全，总觉得网络会毒害孩子，许多老师和家长对于孩子的做法大多是"一刀切"：不让孩子接触。其实这是掩耳盗铃，孩子身上的问题并没有解决，只是被我们绕过去了，我们在求得片刻清静的同时却错失了对孩子教育的最佳时机。我们应该做的是以开放与自信的心态，让互联网为我所用，更好地助力于孩子的成长。未来已来，这是一个绕不过去的坎儿。互联网教学的真正意义是促进人类教育教学活动的智能化。未来学校教育会进入"人＋机器"时代，这意味着互联网、物联网和人工智能技术在教育领域的全面应用，我们深切地呼唤着这种人机融合的新教育时代的到来！未来我们要大力推进教育的"智能化"进程，一切教育教学活动凡是机器能干的，都要交给机器去做，我们必须用新技术重构学校教育教学活动流程，即教、学、考、评、管以及家校合作的各个环节。

在今后的几年，"绿色成长"文化将会在核心理念上进一步丰富内涵，在实施层面上精雕细琢，在成效显现上凸显深层次获得。时刻守牢教育的本质，主动进化和成长，让"绿色成长"文化不断焕发新的生机和活力，更好地为人类进步、社会发展服务！

教育纵贯线

一瞬与一生

儿童早期的发展对以后的成长十分重要。小学教育面对的是六至十二岁的少年儿童，所影响的是孩子人生中的整个童年时期。人在这一时期的转变是迅速而巨大的，对于其生命成长的意义不可估量！我们的小学教育虽然仅有六年，却可以影响到孩子一生的生活质量。

1990 年我当班主任的时候，班里有个非常倔强的男生叫徐晓峰，平时在班里从不叽叽喳喳，他的"坏"主意都是在背地里出的，当我找到他，他永远都是一副无所谓的样子。六年级临近毕业，学校组织足球比赛，我们在场外组织了啦啦队，我和女生们跳着脚加油助威，眼看就要射门了，我们班的"足球健将"

徐晓峰一路飞奔过去，突然他摔倒了。我跑到场上，他的脚踝瞬间肿得老高，我和其他教师抬起他就向医院跑。片子结果出来了，是骨折，需要打石膏。他的脚肿得越发厉害，鞋和袜子已经脱不下来了，我拿过剪刀，他本能地向边上躲了躲，我一只手托起他的脚，一只手轻轻地剪开袜子，怪不得，那臭味扑鼻，我看了他一眼，他也很尴尬地看着我笑。

因为临近期末，学习非常紧张，教导主任告诉我，这个学生就不用参加升学考试了，我没有多想就爽快地答应了。我去他家看他时，他一言不发，告辞时，他突然抓住我："老师，我想上中学，别丢下我。"我的心里像打翻了五味瓶，可以说我是顺水推舟做的决定，但深究一下就可以发现不可原谅自己：能够卸下一个包袱，我的班级成绩不是可以更高一些吗？看似一个简单的决定，却给孩子带来了莫大的伤害！我为自己的决定深深的自责。

再后来的一段时间，我就利用休息时间到他家中为他补课，还买了好吃的给他，他曾经坏笑着对我说："老师，这些好吃的都是我以前没吃过的，受伤还挺好的。"这傻孩子，那些可是当时我半个月的薪水呀！

二十几年过去了，很多人已经淡忘了我们这个班级是以全学区第一的成绩全部升入中学的，这个孩子数学得了93分，语文得了89分；但是大家却都看到这个曾经让人头疼的孩子长大了，他也有了自己的儿子，他有责任感，对家庭负责，对工作负责，是家庭的顶梁柱，是单位的精英！我庆幸当时及时纠正了我的错误决定，当时我认为做教师工作的全部就是让孩子们考一个好成绩，那是我最大的荣光，但这件小事引发了我对于教师职业的思考。

教师应该给孩子一生受用的东西，而不是只看一时或一面。在当时我们觉得是全部的东西，后来在孩子整个一生中却只是沧海一粟，我们不能为了一瞬而耽误了孩子的一生！

第二节　人是教育的出发点
——学校文化的本质归属

在追寻"绿色成长"文化的过程中，回头反思，我们一直没有偏离并坚持到底的是什么？那就是把"人"作为一切工作的出发点！在学校里，不论是管理的主体还是客体都是人，没有了人，我们所有的工作也就失去了意义，我们最终的落脚点也必然是人。充分尊重教师、学生、家长作为人的最基本权利，尊重他们的自主性、选择性、独立性、整体性，这是"绿色成长"文化的核心，也是我们发展中最大的亮点。在发展过程中，我们对于"人"的认识更加清晰了。

一、顺应天性还要因势利导

子思在《中庸》开篇阐明："天命之谓性，率性之谓道，修道之谓教。"这里指出大自然规定了人的本性，自然的人性就是道，修道就是教，进一步阐明了教育应该顺应孩子的成长规律。《种树郭橐驼传》说："橐驼非能使木寿且孳也，能顺木之天，以致其性焉尔。"当有人问郭橐驼种树的道理时，他说：树木移栽的时候要像养育子女一样精心细致，栽好后置于一旁要像把它丢弃一样，那么树木的生长规律就可以不受破坏，而能按照它的本性自然生长了。种树如此，育人又何尝不是如此呢？孩子的成长也是有其自身规律的。"绿色成长"文化坚持生命成长要顺乎本性，主张生命体的成长是内在生成的，在这个基础之上对学生因势利导，激发孩子内在的潜能，促进他们自身的发展。

我们首先应该顺应孩子的成长规律去引导、教育，孩子的成长没有可逆性，因此需要我们揣摩每个孩子的身心发展规律，给与适当的引导与帮助，任何违背规律的拔苗助长或者压制打压都是不行的；再则，我们要创造适合孩子的教育，而不是让孩子们适应我们大一统的教育，每个孩子都是独一无二的，要让他们在适宜的土壤中健康地成长；再次，教师在儿童的成长中起着至关重要的作用，每个教师不仅运用自己的智慧，更要与孩子的父母保持紧密的合作，因材施教，对孩子的成长提供切实的帮助。

二、以人为本必须做好两个统一

我们的教育面对的是一个个的生命个体，施教者教师本身也是有血有肉的生命个体，以人为本不仅是以学生为本，还要以教师为本，是二者的统一；以人为本不仅是以班级、团队为本，它应该是在尊重师生生命个体的基础上实现的，是个体与团队的统一。这两个统一的和谐并存才是以人为本的至高境界，这是我们在实践中逐渐清晰起来的认识。

"绿色成长"文化从生命价值层面，关注教师作为人的需要和尊严，将教师社会价值的实现与个人生命的成长联系起来。教师以整体的生命投入到学校教育活动中去，在提升学生生命质量的同时促进自身的发展，使人生价值得以实现。我感觉学校就是一个生命的共同体，在其中师师、师生、生生互相鼓励、互相帮助、互相关爱、荣辱与共，互相以生命影响生命。我一直都非常怀念做班主任的那七年经历，当年教过的学生如今都已长大成人，为人父母，他们经常举家来到我家喝茶、聊天。他们时常说：谢谢老师那么用心地教我们！他们哪里知道，我在心里一直感激着他们，因为他们同样促进了我的成长！当年我们玩在一起，学在一起，共同经历着人生成长中的风风雨雨，孩子们让我长大成熟起来，懂得了诚心的可贵；我让孩子们知道了什么是对自己负责，什么才是一个团队。我们在人生的交汇处，互相影响着各自的人生。

独学无友则孤陋寡闻，集体的教育作用是显而易见的。人如果离开坐标就找不到自己的位置，定义自己的不是自己，而要在社会关系中才能定义自己。孩子们进入学校学习，就是社会化的开始，他们在班集体中学会与人交往，形成价值观。黑格尔认为，个体必须与整体相联系，因为只有在整体关系的情境中，才能发现单一个体的真正意义。教师在何种时候都不能忽视集体的教育作用，要让孩子的身体和心灵都找到归属感。但同时，我们绝不能以集体的名义绑架个体，要以充分尊重个体为前提，只有把整体与个体利益有机结合，达到辩证统一，才能真正做到以人为本。

三、孩子是正在成长的生命个体

从人的发展的角度来看，"人生，不是一场赢在起跑点的百米冲刺，而是一场与自己赛跑的马拉松。"[2]因此"绿色成长"文化更加关注学生在过程中的生长。

首先，孩子是生命个体，不是器皿或玩偶。他们有独立的人格，有独特的思考，我们不能把他们当成容器，将知识一股脑地倒给他们，不管是否消化不良，不管他们是否需要。也不能把他们当成没有思想的玩具，任意摆布。其次，孩子们正在成长中，每天都不一样，因此我们的教育不是甄别三六九等，而是启迪、发现、引导，基础教育的主旨在于启蒙，蒙童养正，在学校中让孩子们养成各种好习惯。第三，要关注孩子们的可持续发展。孩子们现在是发展变化着的，将来也会持续的变化，我们现在所做的就是为孩子们的美好人生奠基，让孩子们学会学习、学会生活、学会交往，为他们的可持续发展打下坚实的基础。

外面的世界很精彩，但是做教育却需要沉下心来，走近教师、走进孩子，就像朱自清所言：热闹是他们的，我们什么都没有。"绿色成长"文化让我们始终坚守：即使有激烈的竞争，也要让学生的成长过程合规律、有尊严，永远不把逐利看作是堂堂正正、理所当然的事。

教育纵贯线

放飞每一个心灵

我始终认为，学生有一颗健康美丽的心灵比什么都可贵。而让学生提升心理健康，放飞他们的心灵，需要多措并举。

一、挂"信箱"，解学情

我们在校园里挂起"心里话信箱"，让学生把想说而不敢说的话，写成信放在信箱里。学校每天开箱一次，在为学生保密的前提下，认真分析学生为什么会这么想，从学生的角度去思考，并有针对性的、平等的和孩子们交换意见。由于我们以诚相待，学生越来越多地说出了心里话，不到两年的时间，我们和近百名学生进行了交流，我们了解了学生的真实想法和情况，并为他们排忧解难。

二、设"诊所"，勤沟通

随着时间的推移，我们渐渐地领悟到：矛盾有它的普遍性，更有其特殊性。

---

[2]　陈之华.芬兰教育全球第一的秘密[M].北京：中国青年出版社，2009：36.

在干部教师达成一致的情况下，我们又建起了"心理诊室"，为了方便学生，我们还开通了"心理热线"。在诊室和电话里我们与学生谈心，倾听学生的心声，与他们一同查找原因，一同制定重新起步的措施。开始时，学生感到新奇与恐慌，进到"心理诊室"时怯生生的，我们先是和学生聊一些其他话题，使学生放松下来，让他们感到老师是可亲的，并且是值得信赖的。渐渐地来"心理诊室"的学生多起来了，一位四年级学生在"诊室"里说，他三年级时曾拿过别人的东西，现在越是看到别的同学进步，越是想起这件事，心理压力很大。听了他的叙述，教师给他讲起了一些名人知错就改的故事，并找来书让他读，他读着读着脸上笑了，充满信心地说："老师，您看我今后的行动吧。"

三、辟"小屋"，吐心声

开放了一年的"心理诊室"为很多学生解决了心中的问题，一位很有见地的朋友对我说："诊室"，容易让学生误认为是"有病"的人或坏学生才去的地方，这个名字会使一些学生望而却步。一句话点醒了我，是呀！现在的精神病院都改叫康复中心了，让人到了那里有回家的感觉。我们却把来谈心的学生定格为有病要治疗，这真是我们工作的疏忽。现在我们把"心理诊室"改名为"心语小屋"，把这个地方作为说心里话、悄悄话的地方。我们重新布置了房间，摆上了精心挑选的瓶花，搬进去了沙发、茶几，布置了卡通角，沙盘游戏，墙上张贴着各种颜色的水果格言和教师的生活照片，照片上方写着：相信我们会成为朋友。不但是孩子，就是大人进了这个房间也会有回到家的温馨感觉。来到这里，可以坐沙发，可以席地而坐，也可以半躺半卧，这里环境优美，人际关系和谐。这里有学生向老师倾吐不快；有教师与学生谈心；有领导与教师的交流；有教师与教师的沟通；还有学生与学生面对面、心对心。在这里可以窃窃私语谈心，可以面红耳赤争吵，可以大声哭笑。有的家长看了我们的"心语小屋"后，恳切地说：这里也向我们开放吧，我们也需要这么个地方和孩子说说心里话。

"心语小屋"虽然开设时间不长，却有更多的学生吐露了心声。有一个学生在小屋里满腹心事地对老师说，母亲对他没有爱只有恨，并列举了不少例子。老师给他讲了一个故事：一位母亲为了救自己的孩子，甘愿挖出心脏做药引。学生听后眼里有点湿，他问老师，他的妈妈会这样吗？可以看出他的心受到了触动。老师不失时机地说："天下的母亲都是最爱自己的孩子的，只是表述方式不同罢了。"一次，这个学生发起了高烧，母亲送他去医院，楼上楼下、这屋那屋一直背着他，他哭了。在"心语小屋"中他向老师讲述了这一切，并深有感触地说："以前也有这样的镜头，但他没有感到这就是母爱。"

四、建"卡片"，敞心扉

"心语小屋"的开辟总让我们感到没有真正面向全体，今年在记录学生成长足迹的"成长袋"中我们为每个学生设计了"心语交流卡"，有更多的学生敞开了心扉。原来总认为小学生不会有什么烦心事，现在才发现，原来他们的小心眼儿里竟藏着那么多问题等着我们去解答，我们为孩子们能够敞开心扉而高兴，不论这些问题是写给谁的，都会得到相应的"心语赠言"，从不同方面不同角度，帮助学生解决困惑，这样做解决了"心语小屋"大朋友的工作强度问题，也成为学生快乐起来的起始步。有一位学生的"心语之声"是这样的：

"老师，您好。我向妈妈要了 50 元钱去买书，左挑右选选中了《十万个为什么》这本书，当我掏钱时发现钱丢了，我懊恼极了。一路上忐忑不安，到家后，妈妈问我：'书呢？'我说：'借给同学了。'虽然妈妈没有多问，但我心里非常惭愧，直到今天我还没有告诉妈妈真相，请您告诉我，我该不该告诉妈妈呢？"

心理老师写出了这样的"心语赠言"：

"海红小朋友，你好。我也很为你烦恼，自己喜欢的书要到手了，却发现钱丢了，俗话说：吃一堑，长一智，下次要把钱放在保险的地方。我知道你回家没有告诉妈妈，是怕妈妈生气，从这儿可以看出你是个懂事的孩子。我觉得你可以在妈妈高兴的时候用聊天的方式告诉她真相，妈妈一定会原谅你的，你也就去掉了压在心头的石头，可以轻松地学习生活。大朋友祝你好运！"

师生之间在很大程度上应该亦师亦友，我认为这才是最佳的师生关系。比陆地更大的是海洋，比海洋更大的是天空，比天空更大的是心灵，我们应该努力走在通向学生的心灵之路上！

第三节　未来畅想：我心目中理想的学校

在我的心目中，理想的学校是一种憧憬、向往与追寻，它既面向未来，也根植于我们当下的创造之中。某种程度上，我们现在已经有了理想学校文化的影子了，只不过一直都在圆梦的路上。教育指向未来，我们要努力构建一种新的教育生态，冲破围墙，创造符合学生需求的个性化教育。我理想中的学校应该是这样的——

一、她是一所原生态的学校

原生态，天然去雕饰，是"绿色成长"文化追求的终极生态。这样的学校也许不奢华，但她贴近孩子。有时我们在校园里精心设计一些空间环境，倾注了大量的心血与财力，但是孩子们却很少问津。相反地，倒是校园角落里的一处跳远沙坑，孩子们乐此不疲。所以遵从孩子的天性与意愿，循着孩子的兴趣点去安排学校里的每一处景致，才是该有的校园样态。

这种原生态还体现在学习之中。现在的学校，大多呈献出整齐划一的工业化教育生态：一个标准、一个考试、一个大纲、一个教材，把本来具有无限可能性的人培养成一个单向的人。教室一间间一模一样，桌椅摆得整整齐齐，就像工厂车间，一切都是标准化，无法更好满足孩子的个性化成长需求。哈里斯说，我们学校教育教给学生的第一条规则就是秩序，教会学生服从通常的标准，阻止与学校功能相冲突的所有事情发生。比如，预习课文、按铃声上下课、学习安静和整洁的习惯等，这种品格训练也许能够维护教育和社会的稳定，但却是以牺牲创造性和自我教育为代价的。孩子们每个都不同，各有各的成长节奏与规律，他们是一个个活泼泼的生命个体，如果用这样大一统的教育方式，势必会泯灭孩子的天性，更谈不上因材施教。

杜威说：只有在教育中，知识主要指一堆远离行动的信息，而在农民、水手、商人、医生和实验室研究人员的生活中，知识却从来不会远离行动，我们应该慢下来，彻底改变唯分数论，把学习的主动权还给孩子。在当今的学校教育中，我们很少培养学生思维的坚毅性，反而鼓励学生快速完成任务，然而我们生活中需要解决的问题都是复杂的，更需要的是潜移的能力、卓绝的耐心和毅力，而不是简单的快速反应。学习很多时候是靠慢慢理解感悟的，是自我的一种觉醒，因此需要小火慢炖，静待花开，等待水到渠成。

二、她是一所多彩的学校

小孩子都喜欢多彩的世界。校园里五颜六色，四季变换，植物生长交替，每一个季节在校园里都不枯燥，春有多彩的花，夏有遮阴的叶，秋有各色的果，冬有飘扬的雪。校园里有虫鸣，有鸟叫，有鱼游，人与自然融为一体，校园就是大自然的一个缩影。

学校应该更加灵活多变，桌椅可移动、易于变换，有更多的公共拓展空间，能够更好地服务教学，支持教师开展多样化的教学活动。学习区、活动区、休息区等空间资源相互转化，给学生提供更多的活动与交往空间，促进学生的社会性发展，弥合正式学习与非正式学习之间的界限。虽然我们已经尽可能开放校内的一切教育资源，向着这样的方向努力了，但我感觉还远远不够。

我们的教育改革应该朝着整体性、体验式学习转变。各学科互相融合，通过序列化的问题把各学科知识串联起来，形成一种更加全面、相互衔接、融会贯通的课程结构，帮助学生形成更加完备多样的视角、思维和知识体系。孩子们对学科知识既见树木又见森林，在他们脑中呈现的不仅仅是每个学科独立的知识体系，而是是一个完整而生动的现实世界；要调动孩子们多种感官的参与，使他们从不同角度与侧面形成对某一知识点的诠释。未来应该通过跨学科的课程整合，在不同学科领域之间建立联系，促进知识的活化，让知识向实践创新迁移。通过这样的课程结构和内容，引导孩子们在主动、探究、游戏化的学习方式中，通过课堂感受世界无奇不有，收获更多乐趣。

三、她是一所没有院墙的学校

我们应该走向更多的无边界学习。生活中无处不课堂，学习无处不在。在教室，在课堂，在科技馆，在社区，在公园等，各种场所，都是学习的地方。学校要打开大门，尽量多让孩子们结合自己的生活实际去学习、去感悟。虽然我们现在的研学旅游足迹遍及在杭州、武夷山、韩国、美国等地方，已经走出了一小步，但还不能惠及每个孩子。我们应该致力于让孩子们的社会实践学习形成一种常态，让每个孩子都可以享受其中。未来应该更加开放，学校、家庭、社会之间形成良性互动，家长不再是处于被动的地位，而是真正成为教育者、管理者，甚至是决策者的一部分；课程提供者多元化，教师、家长、农民、医生、运动员等等，任何有专长的人都可以成为教师，走进学校为孩子们开课。

学习是更为广义的概念，要增加孩子们无意识学习的比重，我总感觉，无意识学习才是孩子真正的学习，孩子们的各种品质、能力应该是在一定量的积累中，慢慢通过自我内化生成的。与高人交谈是学习，和伙伴互助是学习，聆听大自然的声音是学习……小草发芽、花儿绽放、小动物的嬉戏、群山的壮美、大海的宽广、音乐的奇妙、运动的魅力，孩子们都能用心去感受，这样他们的心胸就会无比宽阔，内心也会变得愈加强大！

当然，我理想中的新学校还应该是可变通的，有办学自主权的。其实办学自主权在某种程度上意味着遵循教育本身的规律，是专业、被尊重与被认可，如果没有自主权就随时会有被带偏带跑的危险，这样非常不利于孩子的成长，遗患无穷。她还应是令人向往、受社会尊重的，大多数教师秉承中国知识分子的品质，用师德和良知做事，但是令人寒心的事情还时常发生：有些家长对于教育的指手画脚，而自己的孩子却状况百出，教育手段匮乏，比如惩戒教育没有立法保护与明确规范，孩子被无菌保护，不知天高地厚，不知为错误买单，这都让教育处境尴尬。教师让人向往，一方面在待遇，更为重要的在于被尊重与被认可。这和办学自主权其实一脉相通，一个解决了，另一个也会随之破解，希望那一天的到来不会遥远。

回归教育的本原，把更多的选择权交给学生，把更多的创造权交给教师，把更多的办学权交给学校。陶西平老先生说："面向未来的教育改革是一项理论与实践相结合的艰苦的渐进的动态过程，充满着矛盾和困惑，充满着不同观点的争议，充满着传统观念和习惯势力的阻力，需要改革的担当和勇气，需要改革的决心和智慧。"沃尔特·艾萨克森在《乔布斯传》中说："预测未来的最好方法就是创造未来。"让我们共同努力！

教育风景线

未来的翡翠城堡

　　我的学校有个童话般的名字——翡翠城，每天翡翠城堡都会发生着精彩的故事。现在希望您脑洞大开，跟随我一起看看未来的翡翠城堡是怎样的。

　　一进校园大门，遍地都是按钮，只要输入准确地址就会到达不同的教室（注意只限于校园），楼梯都是旋转的，只需1秒就会从四楼到达一楼（注意，不适宜在上课前1分钟玩，否则你就会在醉意朦胧中上课）。如果你去另外一个楼，会有两种途径，第一种是只要你念动魔语，就会把你送到你要去的地方（注意不同的地方魔语不同，这要考验你的记忆能力，如果你念错了，就不能使用这些功能）；第二种是你只要按动一个按钮就会出现不同颜色和不同形状的云彩，只要站在上面，就会送你到另外一个楼（切记，每天不能使用超过五次，否则系统就会取消你使用本功能一周的资格，这些按钮有脚纹识别的功能，记下你这个懒家伙，因为学校怕小胖子太多）。

　　在教室里，当老师讲到《荷花》这课时，教室即刻就会出现许多绽放的荷花和已经爱上荷花的荷叶，还有在荷花上停歇的蜻蜓和在水里嬉戏玩耍的小鱼。如果老师讲到"翠鸟"时，认为自己是最漂亮的翠鸟都会出现在教室，我们还能听见翠鸟清脆悦耳的叫声，能看到潺潺流动的小河，晃动的苇秆，悠闲自得的老渔翁。

　　这时的书是非常特殊的，如果你是认真看书的，你书上的字一个个的都会跳进你的大脑，如果上完课后你的书上面只剩一张白纸，就说明你完全懂了，如果你的书上还有字，对不起，再给你一次机会，直到书上没有字为止。明白吗？你的大脑完全是一个知识储备银行。写到这我感觉美极了，因为可以不用天天背书，天天抄书，知识是跳进脑子的，你只要认真就行了。

　　整个操场是绿油油的，有永远不会被踩坏的草坪，别小瞧了这个草坪，只要是雾霾天，它即刻就会变成一个大大的罩子，把整个翡翠城堡包裹在里面，这些草坪会把雾霾过滤掉，把干净的空气送到城堡里。

　　每周一升旗，老师们要讲话时，就会出现一个彩虹桥，老师们站在彩虹桥上，这样从每个角度同学们都会看到讲话的老师，还能清楚地看到他们穿的衣服和鞋。

　　中午吃饭时，美食就会从天而降，你只要拿着餐盘去接你喜欢吃的就可以，切记绝对不能浪费，如果你浪费超过 50 g，那第二天中午的美食就会从你的餐盘拐个弯去别人的餐盘，这叫饥饿惩罚法。

"翡翠书苑"是这样的，需要你乘坐月亮船才能到达，一进书院的门，全都是书，地下、墙上、房顶，多得让你目不暇接，书都有不同的分类，有"招牌书"（注意不是招牌菜）、"最受欢迎的书"等等，书无论如何都是不能被损坏的，否则书上的主人公都会跳出来找你算账，再或者月亮船不会把你带回去的。

在这样的校园，每天都发生着童话故事，童话世界里发生的一切在这里都能找到。如果把这个童话学校里发生的故事也编成童话故事的话，一定会和《格林童话》一样受全世界儿童的欢迎。

喜欢这样的学校吗？如果喜欢就报请校长改造吧（想得挺美，实现的可能性是零）。

（作者是北京小学翡翠城分校 2015 级学生贾义芳）

后 记

我的成长侧记

完成书稿时正值 2020 年初新冠肺炎防疫时期，孩子们不能返校学习，一连几个月的时间，我每天都如期来到安静的校园，处理完公务，就坐下来写作，其间，颈椎病复发，这是一种精神与身体的双重磨炼。书稿完成之时，感觉收获满满，正是有这样一场疫情，也迫使我们放慢脚步，系统思考我们走过的路，做过的事。

"绿色成长"文化，不是一个人的，而是属于所有致力于翡翠城发展的人；"绿色成长"文化不是在一个阶段形成的，而是在几十年的实践反思中铸就的，并且也在不断发展充实。写这本书时，我一直都在回想自己儿时、年轻时的事情，总觉得它们与"绿色成长"的脱胎、成型、构建、落实有着某种悠远而深沉的内在联系：大概它们是我自己的"生长"印记，而正视这样的内心印记，促使我本能地向"绿色成长"的理念靠近吧。因此，我把它们当作"绿色成长"文化的侧记，附在这里与大家分享。

我的学生时代

我的学生时代充满了美好的回忆，每天过着规律而充实的生活，那时所积淀下的是我一生的宝贵财富。

★农活、家务活磨炼了我的意志

我是家中的老大，下面还有两个妹妹一个弟弟，父亲在外面工作，一周回来一天，母亲的身体并不是很好，因此我在很小的时候就挑起了家中的重担，但是一点都没觉得累，反而感受到了无穷的乐趣。

——"爸爸，天上怎么都是星星？"

夏天的玉米地里非常闷热，没有一丝风，刚上小学的我跟随父亲在地里干活，从早上一直干到中午，刚开始痛快地流汗，到后来热得流不出汗了，突然觉得头有点发晕，一屁股坐在地上，抬头看天，像发现了新大陆："爸爸爸爸，天上有好多星星。"爸爸跑过来一把拉起我，背着我就向家走，嘴里还不停地嘀咕着："这孩子是中暑了。"

——我是神投手

我上初中了，个长高了，还是学校篮球队的中锋。初春，家中盖厢房，我在院前的空地上脱土坯，弄得全身上下都是泥巴，邻居都对我赞不绝口："这孩子真像个男孩子，多能干呀！"最后磨房顶我和爸爸当然是主力了，我用提篮向房上拉泥糊，爸爸磨，突然看到一只很大的蝴蝶落在地上，那彩色的翅膀太美了，我突发奇想，顺手拿起一团泥糊向蝴蝶扔去，居然——中了！篮球也没投得这么准呀！

——"再背这么多，我就打你！"

从小叔叔就特别疼爱我，我最爱趴在他的膝前，听他拉二胡，那悠扬的声音让我的心可以飞很远。为了贴补家用我们养鸡鸭鹅，养猪，每到放学书包一放，就要去打猪菜，暑假里更要多打一些，晒干以后垛起来，以备冬天用。我做事总有一种狠劲儿，不服输，每次打猪菜我都把筐按了又按，然后再围着筐沿儿整齐地向高处码，一直没到筐梁，直到这时才心满意足地背起筐回家，由于筐太沉了，背起来的时候就特别费劲，总是先跪在地上，然后悠着劲一点点站起来，走路的时候低着头，腰深深地弯下去。一进家门，叔叔把筐抢下来扔到地上："累得以后不长个儿！再背这么多，我就打你！"

现在想起来也许正是那时候的积淀与磨炼，才让我每天都这么乐观豁达地对待一切，因为总觉得和那时候比起来，这点累真的算不了什么，在后来做教师、做校长时让我很少在困难面前退缩，能扛事，敢扛事。

★母亲的教诲让我做事井然有序

家中姊妹多，我却一直没有感觉到家中有多么困难，我们愉快地上学，过年穿新衣，事情做得漂亮还有好吃的奖励。这可能都源于我有一个很具智慧的母亲。

——北京的金山上

母亲读书时成绩总是名列前茅。我小的时候吃百家饭，大眼睛，嘴又甜，很招人喜欢，四岁母亲让我上了村里的幼儿园。从两三岁开始她就在走亲访友的路上、农忙闲暇的时候教我加减乘除，教我背古诗。夏天的傍晚，凉风习习，妈妈把我叫到屋外的房檐下，一个动作一个动作地教我，一句句的教我唱《北京的金山上》，当唱到最后一句"哎，巴扎嘿"，我的腰弯下去时，妈妈抱着我笑。当时乖巧的我一定给妈妈带来了很多欢乐吧？没有电视、没有网络的生活可以被妈妈演绎得如此多姿多彩，虽然过去了这么多年，这首歌我至今记忆犹新。

——一个煮鸡蛋

弟弟小，我们姊妹三个都上学了，每到寒暑假，我家的墙上就会贴出一张妈妈制作的表格，说白了就是对我们姐仨儿的评价表，上面有一天的作息时间，几点起床，几点写作业，几点做家务，还有我们的家务分工，妈妈每天评价一次，优秀的在表格里画一面小红旗，一周优秀的就可以奖励一个煮鸡蛋，虽然家里养着鸡，但是鸡蛋都是去卖的，能吃上一次也是很不容易的，为了那个鸡蛋我们竭尽所能，自律意识都很强，很有条理地各自做着各自的事情。到后来没有妈妈督促的假期或工作阶段，我都会事先给自己制定一个日程表，规划每天或每个阶段要做完的事情，打出提前量，让自己总是游刃有余，这一点让我受益终身。

——十四岁的纪念

上中学了，自己的想法逐渐成熟起来，也开始为自己的未来设想了，十四岁，是人生一个重要的起始阶段，这是母亲让我懂得的。十四岁的生日那天我收到了妈妈送我的一个塑料皮儿的笔记本，扉页上妈妈用娟秀的字体写着："文凤，今天是你十四岁的生日，你已经开始长大了，希望你像海迪大姐姐那样去学习、生活。"当时张海迪的事迹铺天盖地，可以说影响了很多人的人生观，在十四岁的那一天我收到了这份至今还珍存着的礼物，它还会伴我走好以后的每一步。

都说一个民族的强大看母亲的综合素质就可以了，母亲对于孩子的影响与教育可以让孩子享用终生，一个智慧的母亲更是可以让孩子在润物无声中变得强大。

★业余生活的贫瘠让我喜欢上了书籍

我的家在郊区，比较偏僻，上小学的时候村里大队部开始有了第一台电视机，放在高高的窗台上，屏幕很小，能大概看清图像，偶尔村里放场露天电影，那时就像过节，早早地吃过饭就去占取有利的位置，业余生活的贫瘠却阻挡不了一颗渴求了解外面世界的心，它使我爱上了读书。

——被子上的蜡油

上学的时候好像除了教科书很难见到其他的书籍，所以能找到一本书来看在那时简直就是一种奢望，没有适合不适合，没有必读选读之分，只要有书就如饥似渴地读。上小学的时候不知从哪里弄来的《第二次握手》《梅》等小说，白天没时间就盼着晚上做完家务、写完作业的那段时光快些到来，那时好像总是停电，我自己一个房间，爸爸是木匠，家里的家具都是他一件件做出来的，一个书桌，一张单人床就是我的天地，床头上满是蜡油，一根蜡烛不知不觉就燃掉了半根，当然枕巾上、被子上也是斑斑点点的蜡油，在投入的阅读中时间总是溜得很快，每晚都是在母亲的唠叨声中依依不舍地入睡。当然后来为了对付母亲也有一些改进，那就是蒙着被子打着手电筒看书，这招儿比较灵，能让我看到深夜不被发现，厚厚的一本书没多长时间就被看完了，有时就再看第二遍。

——珍贵的小人书

现在想起来上学时最大的愿望就是能有大块儿的时间读书，并且有书可读。小时候特别愿意到姥姥家去，当然是有很多的玩伴，更重要的是小舅舅有一个方方正正的木头箱子，平时都上着锁，那里是一箱子小人书，那对于我来说是多么大的诱惑呀！我会想尽一切办法看那些小人书，和他要不给我就哭，一哭姥姥出面我就能得逞；有的时候我就给他唱歌、讲故事，逗他笑，那时我也能看到书；姥姥家外面有一条长长的小路，一面是半人高的土坡，上面有很多杂树丛，夏天的黄昏会有很多蜻蜓落在上面，我就去捉，悄悄过去，只要捏住它的尾巴就拿下了，这也可以换本小人书看。就这样我用了很长的一段时间把那些小人书都看完了，记得很多本第一页都是毛主席语录，内容大概是斗地主、抓坏蛋的。但只是看，拿走是万万不行的，我当时多么希望自己也能像小舅舅一样富有呀！

——听评书

记得那时走在村子里，不时地会从冒着炊烟的房子里传出刘兰芳的《杨家将》《岳飞传》，单田芳的《隋唐演义》。我家里有一台电收音机，每天中午十二点我会准时坐在那里听评书，一边写作业一边听评书，两不误，怡然自得。那时总能听到妈妈说："一边听一边写，能记得住吗？要一心一意。"我应着，每每都是抹稀泥过关。现在想想，看着女儿一边听着音乐，一边哼着歌写作业，我也会唠叨妈妈当年说的同样的话："一边听一边写，能记得住吗？要一心一意。"有时说着说着仿佛隔世，一下就把我拉到了当年。有时我也会看着女儿傻笑一下，"孩子，若干年后，你是不是也会对自己的孩子重复我说过的话？"

——夜晚的深思

村子里的夜晚非常安静，我走在街上，坐在矮墙上，望着天上的月亮，像个大人一样思考自己的未来：我的人生会是什么样子呢？我一定会走出这个小乡村，有自己的一片天！那个夜晚现在回想起来还非常清晰。我的心里一直就藏着一个梦，那就是当一个优秀的作家，写出自己想的，写出很多美美的小说让大家看。我一直就有记日记的习惯，我现在的家里有一个红色的小箱子，那是跟着我的嫁妆一起来的，那里面除了我和先生的情爱点滴记录，就是我的日记本了，厚厚的十几本，她记录了我的整个学生时代生活，是我曾经走过的痕迹，那里记载着我的欢乐与思考，奋斗与彷徨。当然还有几本厚厚的简报和摘抄，那时喜欢读诗，顾城的、泰戈尔的，喜欢看《读者文摘》（就是现在的《读者》），而且一看就是几十年，虽然作家没当成，但是儿时的梦想却历历在目，仿佛昨日。

物质的贫穷不可怕，可怕的是精神的空虚。一个爱读书的孩子再坏也坏不到哪去，一个不爱读书的孩子再好也好不到哪去，这话虽然有些绝对，但值得肯定的是书籍对我们的成长太重要了。他让我们平凡的生活变得海阔天空、多姿多彩；让迷航的小船可以找到方向，勇往直前；更让我们变得豁达、平和、智慧，让我们的人生变得美好、厚重。

我的教师生涯

都说初生牛犊不怕虎，我就是怀着雄心壮志，气宇轩昂地一头闯进了我工作的第一所学校。

★卧薪尝胆

19岁，一个花季的年龄，充满憧憬与向往，仿佛一切都是新的，按捺不住激动的心情，一溜风地走上了属于自己的讲台。

——自修之路

尤金·葛雷斯说："一次做一件事，做那一件事时，要好像生命就悬在它上头。"是的，我常常感到一种生命的紧迫感，总觉得一天不读书看报，就会被甩在后面很远。我用了六年时间参加全国自学考试，终于拿下了中文大专文凭。了解的人都知道，自学考试之路有多么的艰辛，曾记得多少个节假日，把自己关在房间里苦读，不知什么时候柳树已抽出了嫩芽，不知何时树叶已变黄飘落，不知多长时间没同女儿一同玩耍；曾记得多少个夜深人静，灯下苦读，老公的体贴、理解、支持，使我心中充满了甜蜜；曾记得取得优异成绩后的得意忘形，载歌载舞……所有这些，又怎么是一杆笔所能写清的呢？记得有一个夏季，我上完班后去听辅导，公共汽车上人挤人，人挨人，多种味道让人感到窒息，那时我正身怀有孕，我一手护着自己的腹部，一手抓住栏杆，突然觉得自己的腿发软，车窗外的景物仿佛离我越来越远，车厢内的嘈杂声也渐渐消失了，我仿佛掉进了一个黑黑的深渊里，我瘫倒了……醒来时，我的身上像刚洗过一样，全湿了。下了车，我喝了杯水，坚持听完课，每次到家都要夜里十一点多，可往往晚饭还没来得及吃呢。我深感对不起未出世的孩子，更对不起远在国外对我们母子牵肠挂肚的老公。有多少次我都动摇了，但一想到自己既然已经走上了自学之路，就一定要坚持到底。后来我又参加了教育管理本科和哲学专业研究生课程的学习。

——一鸣惊人

我虚心地向老教师请教，认真地钻研教材，总怕由于自己的疏忽，给学生讲不透。当时没有多媒体，都要自制教具，剪纸、画画、小树棍儿，顺手拈来都是教学资源，记得当时挺有意思的，妈妈有时为我抄学生评语，妹妹为我给孩子们剪小红花，真是"一人当教师，全家齐动员"。我从没有在白天备过课，那些空余的宝贵时间都留给了孩子们，判作业、谈心；晚上很少能在十二点之前睡觉，每备一节课都要翻阅几本资料，我希望自己下的功夫多些，孩子们可以学得省劲些。我工作的第五个年头，在全区二百多名推荐教师中，经过现场备课、讲课、论文答辩，我成为二十一名首届学科带头人中的一员，这在一所农村学校是多么的难能可贵呀！在那几年里我应邀到区内不同的学校送课；为区里的教师做教材分析；到市里与专家探索新教材的修改与编订；和区里几位教师成立专题小组，对朗读、摘抄、听说等项目进行教改实验，进而在全区推广。那应该是我教学生涯的一个转折点，我感到工作不那么东冲西撞了，自己心里有了底气，更感觉到眼前一片海阔天空，这应该就是蜕变后的飞跃吧！

★长者关爱

现在回想起来，那个大大的办公室，里面坐着十来位老教师，她们开朗乐观、敬业务实，这个团队给我的影响是潜移默化的，有时她们为一个问卷答案争得面红耳赤，有时聊起家中趣事开怀大笑，有时伏案扎在高高的作业堆中迅速地打着叉勾，有时对着调皮的学生柔风细雨又或雷电交加，原来这就是真真切切的教师生活。

——老教师的鼓励

刚刚踏上工作的岗位，心中的那份忐忑至今记忆犹新。急切的想得到肯定，怕有一点闪失，那时的自己脆弱到了极点。我的第一节课是教研组长去听的，听完后他大加赞赏："不像新毕业的老师呀！很老到。"我知道这是他给我的鼓励，现在想起来，他的这一也许无意识的肯定却给了我无穷的勇气，试想如果是否定那可能对于我来说是致命的。有时在办公室里他们会起哄让我给他们唱首歌，不管唱的好与坏，他们都毫不吝啬地对我大加褒奖；班里的难事让我掉眼泪时，他们就逗我开心，告诉我一些行之有效的妙招。这些老教师现在都已经退休了，但是当时的每一个画面我都历历在目，真的很庆幸我一毕业就遇到了他们，那种宽松的、向上的、友好的氛围是我教师生涯的加油站。

——领导的信任

我毕业后教的第一个班级是二年级，我用尽全身的气力带这个班，孩子们比较懂事听话，班级管理好像没有带给我太大的压力，每天认认真真地上每一节课。我有一个学生作业记录本，交没交，改没改，每天一清，一个个地盯学生，无一遗漏，也许就是这样的坚持，这群孩子的期末成绩由原来和其他同轨班级平均分相差十几分，一跃成为年级第一，这一点给我的鼓励是显而易见的，我对自己充满了信心，这一习惯在以后的几年我也一直延续着。期末老主任找到我，让我直接从二年级去接手一个六年级班，这个班的孩子早有耳闻，简直一个无法弄，我愣愣地听着，嘴中嘟哝着："我能行吗？""没问题，你肯定行！我们会帮你的！"主任的脸黑黑的，那信任的眼光发自心底，我欣然接受了，只为了那份信任和不服输的心。事实证明，那是我六年班主任生涯中最艰难的一年，那一年原本瘦弱的我体重下降了十五斤；但也是收获最大的一年，我和孩子们之间发生了太多的事情，那是令我终生难忘的一年。

★师生情谊

我的童心未泯，和所教班级的孩子相差不了几岁，我们玩在一起，学在一起。

——圣诞树与窗花

刚接班时，孩子们的学习成绩差自不必说，单是班里几个男生组成的小集团所做的事，就让我应接不暇：他们到低年级讲台上去大便；到附近铅场去偷铅；在墙上、门上刻写骂人的话；强行勒索别人的钱买吃的；就连其他班前树上的叶子掉到我们班清洁区，他们也会大打出手……那些日子，我第一次感到了什么叫心力交瘁，晚上我经常被噩梦惊醒，一天到晚，我的神经总是绷得紧紧的，仿佛稍一用力，就会挣断，天性倔强的我默默地承受着，我相信，我一定会改变他们。泰戈尔说："不是锤的打击，而是水的载歌载舞使鹅卵石臻于完善。"我去家访，开始学生不开门或跳墙逃跑，再后来，他们看我不是来告状的，也就去掉了戒备心理，取得了家长的支持后，我开始在班里组织各种各样的活动，培养他们的集体荣誉感。"六一"了，我带着他们剪窗花，把教室布置得漂漂亮亮；新年到了，我领着他们去挖圣诞树，挂上礼物与彩带；假日里，我骑车带他们去野炊、游泳，照片上留下了我们欢快的身影；学生病了，我买了礼物去探望；我还印制了喜报，对学生的每一点进步都及时予以鼓励；我还在学校首创了班里的"心里话小信箱"，它让我和学生成为更亲密的朋友；期末了，我召开了家长会，请进步大的学生家长介绍了教子经验，并把写有"最佳家长"的证书送到他们手上。在一次次的活动中，孩子们的集体荣誉感在增强，他们看到了自己的优点，增强了信心，一个良好的班集体初步形成了。

——"我们是男的"

班风好转了，我对学生的学习抓得更紧了，我知道，一个优秀的班级，学习成绩也应该是顶呱呱的。班里有几个学生落下的内容太多了，我就利用业余时间为他们补课，并且告诉他们学习是自己的事情，你们一定能行！每天我总是第一个来到学校，晚上又总是顶着星星回家。这几个聪明的孩子长进很快，我尽情享受着自己付出后得到的最好回报。有一次为他们补完课骑车回家，不经意间回头发现了几个小身影，太熟悉了，这几个孩子的家和我家方向正好相反，他们要去哪里？我转回头冲他们喊："你们干吗去？"他们犹豫了一下，还是过来了。追问了半天，他们中的"小头目"搔着头皮说："老师我们送您回家。"我一听就急了："老师是大人了，你们还小，回去吧，我没事。"他们争着说："我们是男的！"再一问才知道，原来他们一直都在偷偷送我回家，看我进了家门他们再折返回去，从未间断过。从学校到我家骑车要半个小时，冬天经常要刮起西北风，天黑得又早，看着他们在寒风中的小身影，我真的不知多少次流过泪，我教的就是这么一群懂事的孩子。

——我病了

那年初春，孩子们即将面临毕业考试，我却由于淋巴发炎住进了医院，病刚好一点儿，我就急着出院，医生不同意，我就偷着出院了，没想到刚上班几天，我的病就反复了，没办法又住进了医院，我的心里像着了火一样，我担心的是那班孩子。几乎每个周末，医院里都有孩子们的身影，他们买来的食品摆满了床上床下，他们坐在我身边哭，坐在我身边笑，坐在我身边说连做梦也想我，孩子们的心真是一块奇怪的土地，播上思想的种子，就获得行为的收获；播上行为的种子，就获得习惯的收获；播上习惯的种子，就获得品德的收获，能得到这么多孩子的心，病痛又算得了什么呢？最后这个班以优异的成绩全部升入中学，并被评为北京市优秀班集体。

我是当了教师以后才开始喜欢这个职业的，喜欢这个职业也是由喜欢孩子开始的。虽然身为校长也是一名教师，但是七年的班主任工作应该说是我真正的教师生涯，因为能和孩子们的心贴得如此近，能切实感受到他们的快乐与痛苦，可以和他们一同呼吸，一同成长，那真是一种最大的幸福。以至后来我总会酸溜溜地说："虽然学校里的学生都是我的学生，却没有一个亲学生。"那种感觉只有曾经做过班主任的人才能体会。

路漫漫其修远兮，吾将上下而求索！

于北京小学翡翠城分校北校区办公室

2020 年 5 月 28 日